모성애의 발명

모성애의

발명

'엄마'라는 딜레마와 모성애의 부담에서 벗어나기

엘리자베트 벡 게른스하임 지음

이재원 옮김

alma

오늘 우리의 모습을 만든
어제의 사건은 무엇이었나?

무척 오랫동안 기다리던 책이다. 마지막 교정지와 표지 시안을 받아 보니 감격스럽기까지하다. 이 책은 내가 진행하고 있는 장서개발 강좌의 한 부분을 차지한다. "책을 보는 열 가지 관점"이라는 강좌의 여덟 번째 시간에 이 책을 중심으로 강의가 이루어진다. 그리고 독서회에서 이 책을 읽고 토론해보기를 권한다. 문제는 오래전에 절판되어서 책을 구할 수 없다는 점이었다. 그런데 이렇게 다시 출판되니 말할 수 없이 기쁘다.

이 책의 가치는 본문에 나오는 다음 한 문장으로 요약할 수 있다. "오늘 일어나는 일은 어제 일어난 일을 알지 못하면 전혀 이해할 수 없는 경우가 많다." 그러니까 오늘 우리의 삶을 이해하려면 어제 무슨 일이 있었는지를 알아야 한다. 그러나 충분치 않다. 이 말은 역사를 다루는 모든 책에 해당되는 일반론이기 때문이다. 좀더 구체적으로 보자면, 오늘날 한국의 어머니들이 왜 그렇게 아이 교육에 목을 매는지 역사를 통해 설명해준다.

이 책이 더 소중한 이유는 발명된 모성애의 정체를 밝히는 가족의 역사를 다룬 책으로 거의 유일하기 때문이다. 당장 인터넷서점에서 검색해보라. 아마 쉽게 발견할 수 있는 책이 《가족의 역사 1》(앙드레 뷔르기에르)일 것이다. 이 책은 로마제국의 가족에서 이야기가 끝나 있다. 현대까지 이어지는 내용을 담은 그 뒤의 책들은 번역되지 않았다. 한국의 경우라면 《조선조 사회와 가족》(이이효재) 정도가 있을 뿐이다. 이런 종류의 책들도 역시 일정한 가치가 있긴 하겠지만, 오늘날 우리의 삶과 너무 멀리 떨어진 것이어서 '오늘 일어나는 일'을 잘 설명해주고 있지 못하다.

그에 비하면 이 책은 곧바로 오늘 우리의 삶을 규정하는 바로 어제의 일이 무엇인지 분명하게 규정해준다. 게다가 간명하면서도 필요한 내용들이 잘 정리되어 있어서 가볍게 읽어낼 수 있다. 좋은 책의 장점을 고루 갖춘 셈이다. 그런 의미에서 유일하다.

단점이 있다면 이 책의 저자가 독일인이라 가끔 독일의 지엽적인 문제를 다루고 있다는 점이다. 독자들은 그 내용이 우리의 현실과 아무 상관이 없는 것으로 느낄 수 있다. 그러나 묘하게도 독일은 남녀평등에 관한 한 한국과 비슷한 의미가 있어 보인다.

그 점에 대해서는《아주 작은 차이》(알리스 슈바르처)라는 책을 통해 이미 잘 알려졌다. 이 책은 독일에서 1975년에 처음 출간되었고, 한국에서는 2001년에 출간되었는데 특히 주부들에게 많이 읽혔다. 이 책을 읽은 한국의 여성 독자들은 바로 자신들의 이야기로 받아들였다. 낙태, 주부우울증, 순결강박증, 여자의 성적 주체성과 해방, 이혼 증가 등 25년 전 독일의 여성문제는 현대 한국의 여성문제와 꼭 닮아 있다. 그점은 심각하게 낮은 출산율의 문제를 볼 때도 마찬가지다. 유럽의 경우에도 비교적 양성이 평등한 문화를 가진 국가에서는 여성의 취업률과 함께 출산율도 높지만, 그렇지 않은 독일, 스페인, 이탈리아는 매우 낮다는 것이 통계를 통해 확인된다.

그러고 보면 이 책이 독일인 저자의 관점에서 쓰였다는 것이 한국인 독자에게 그리 큰 문제가 되지 않으리라는 것을 쉬 알 수 있다. 그렇지만 처음 읽을 때 이 책의 1장은 건너뛰는 것이 좋다. 독일의 지역적인 이야기가 많아서 좀 지루하다. 저자도 말했듯이 이 책의 본격적인 이야기는 3장에서부터 시작된다.

오늘날의 핵가족제도는 근대를 만든 자본주의에서 시작됐다. 자본주의는 공동체를 해체하고 개인을 해방시켰으며 자유를 주었다. 그러나 그것은 남자의 경우에 해당되는 것이었을 뿐, 여성은 더욱더 가정에 갇히게 되었다. '집안일을' 하는 존재가 아니라 '집안일만' 하는 존재가 되었던 것이다. 장 자크 루소는 《에밀》에서 여성은 "더이상 자기 자신을 위해서 창조된 것이 아니라 남편의 마음에 들고 복종하기 위해서" "남편을 편안하게 해주기 위해서" 그리고 "남편에게 양보하고 심지어 남편의 부당함마저도 참기 위해서 창조된 것"이라고 말한다. 그리고 이런 사고방식의 원천이 자본주의라는 사실은 세계적인 경제학자 존 갈브레이드의 저서를 통해서 확인할 수 있다.

"집안 살림에 필요한 일들을 여성에게 맡겨버림으로써 가장 중요한 경제자산을 확보한 셈이었다. 산업사회 이전에는 이렇게 자질구레한 일을 하녀나 하인들에게 맡겼지만, 사회의 민주화가 이루어지면서 남자들은 어느덧 결혼을 통해 각자의 하녀를 하나씩 쓸 수 있게 된 것이다"(《아주 작은 차이》, 305쪽 재인용).

자본주의를 위한 핵가족제도는 이렇게 시작되었다. 그러나 너무나 당연한 일이지만 '인간으로서 여성들'은 소극적으로나마 출산을 줄이는 방식으로 그 폭력성에 저항했다. 19세기 전반부터 출산율이 감소하기 시작했던 것이다. 미국의 백인 여성을 기준으로 보면 1800년에 평균 7.4명이었던 것이 1900년에는 3.56명으로 반으로 뚝 떨어졌다. 한국의 경우에도 1970년대를 거치면서 출산율이 2명 이하로 급격하게 떨어졌고, 그 이후 지속적으로 하락하고 있다. 산업사회가 시작되고 여성의 교육 기회가 확대되면서 일어난 일이다.

또 하나의 사회적인 틈은 양육을 전적으로 여성에게 맡김으로써 생겨났다. 아이를 키우는 일은 국가의 중요한 과업이었으므로 과학적인 양육을 위한 매뉴얼이 만들어질 수 있도록 지원했고, 여성들이 독자가 될 수 있도록 교육의 문을 열어야 했다. 그러나 일단 독자가 되고 나면 개인의 발견을 통한 나만의 인생에 눈을 뜨지 않을 수 없었다. 특히 여성에게 출산은 나만의 인생을 위한 계획에 절대적인 방해가 되는 일이었고, 산아제한과 관련된 기술이 모든 계층에 확산되었던 19세기 말에는 확실하게 출산율이 줄어든다.

그러나 그렇다고 해도 여전히 여성을 위한 일자리는 드물었기 때문에 여성의 사회 진출은 어려운 일이었다. 헨리 제임스는 자신의 소설 《여인의 초상The Portrait of a Lady》(1881)에서 여주인공에 대해 이렇게 쓰고 있다. "그녀는 지적이고 관대했다. 세련되고 자유로운 본성을 지닌 사람이었다. 하지만 그런 것이 어디에 소용될까?"(99쪽). 그런 상황에서 '배운 여성들'이라고 해도 아이는 자신의 존재 이유가 되었고, 어머니인 아내로서 안정적인 삶을 확보할 수 있었다.

이런 상황은 오늘날 한국의 가정에서도 많이 발견된다. 어쩌면 한국의 현재는 서구의 이런 정도 지점에 머물러 있는지 모른다. 한국에는 대학을 졸업한 여성의 반 이상이 전업주부로 살아가고 있지 않은가. 그럼에도 한국의 출산율은 최하위 수준에서 벗어나지 못한다. 이 문제에 관한 한 정부 당국자의 인식 수준은 어처구니없어 보인다. 2012년의 한 신문기사는 매주 수요일 7시면 보건복지부의 불이 꺼진다고 전했다. 일찍 집으로 돌아가 아이를 챙길 수 있도록 해주기 위해서라는 것이다. 저녁 7시가 어째서 '일찍'이며, 그렇게 요일을 정해주면 해결될 문제인가.

당연한 일이지만 돈만으로 해결되지 않는다. 독일의 경우 출산율을 높이기 위해 해마다 수십억 유로를 쏟아붓고 있다. 출산장려수당만 해도 자녀수당, 돌봄수당, 모성수당, 교육수당 등이 있고, 세금 혜택뿐 아니라 대학까지 무상교육을 한다. 그래도 출산율은 오르지 않는다. 양성평등 문화가 갖춰지지 않은 채 돈으로 해결하려 했던 독일의 출산율 장려 정책은 실패로 평가된다. 그러니 1988년에 처음 출간된 이 책《모성애의 발명》이 2006년에도 개정판으로 나올 수 있었을 것이다.

수많은 자료들은 한 목소리를 낸다. 돈만으로 해결될 문제가 아니다! 양성의 평등지수가 높을 때 가장 잘 해결할 수 있다. 그래야 출산이 여성의 자아실현에 방해가 되는 것이 아니라 함께하는 축복이 될 가능성이 커진다. 물론 그것만으로는 부족하다. 그저 모든 사람에게 똑똑해지라 하고, 목적의식적으로 냉정하게 자기 규율을 지키며 '성취하라'는 자본주의의 비인간적인 부추김에 모두가 적응하는 꼴이 될 수 있기 때문이다. 강요된 여성의 희생을 바탕으로 이루어진 것이었을망정 가정은 일종의 보호공간으로서 인간의 삶과 위기를 치유하는 응급실이었고, 삶의 오아시스가 아니었던가. 그 속에서 지키려 했던 인간적인 가치들이 사회를 조직하는 원리가 되어야 한다. 출산과 육아를 여성의 문제로만 밀쳐낼 것이 아니라 우리 모두의 공적인 문제로 받아들이는, 그런 사회를 꿈꾸어야 한다.

그러기 위해서는 오늘 우리의 모습을 만든 어제의 사건이 무엇이었는지 아는 데서 시작해야 한다. 이 책이 바로 그런 책이다. 현대의 가족 문제에 대한 해결책을 고민하고 있다면 이 책으로 시작해야 할 이유가 바로 그것이다.

2014년 1월

강창래

차례

추천사 오늘 우리의 모습을 만든 어제의 사건은 무엇이었나? _5

1장 인구학 논쟁: 이슈가 된 출생률 감소 15
  독일은 소멸하는 나라인가?_17
  객관적 사실에 대한 짧은 고찰
  논쟁의 가담자들과 입장들 24
  국가의 멸망에서부터 불안한 연금까지 | 누가 누구와 대립하는가?
  여성의 관점 _29
  출산에 방해가 되지 않는 선에서만 직업을 가져라 | 생물학의 힘 | 남성의 부재와 어머니의 일상 | 중간 요약

2장 나만의 인생이라는 기회와 강요 41
  개인의 과제가 되어버린 인생행로_45

3장 모성애의 역사 49
  산업산회 이전의 가족_52
  부르주아 가족의 탄생_57
  타인을 위한 존재가 되어야 하는 여성 | 아동의 발견과 의식적인 육아의 등장 | 어머니 역할의 승격 | 삶의 목표이자 사명인 어머니

4장 제1차 출생률 감소: 19세기 말의 여성과 어머니 87
  여성의 삶에 나타난 변화_89
  어머니가 됨으로써 물질적 안정을 얻다_97
  어머니라는 자리가 짐이 되기도 한다_106
  새로운 교육 규범의 영향_124

5장 전통적인 이상과 변화의 징조: 1950년대와 1960년대 129
　　결혼과 가족의 황금시대 _132
　　여성의 삶에 나타난 변화 _134
　　자녀교육의 변화 _144

6장 제2차 출생률 감소의 시작 153
　　새로운 상황: 아이를 가지려는 소망 _157
　　한 조각 독립성을 지키기 _160

7장 출생률 감소가 계속된다: 1965년부터 현재까지 171
　　생식의학의 새로운 상품들: 피임약에서부터 태아 진단까지 _174
　　일시적인 유예 | 피임 가능성에서 의무로? | 경구피임약, 생식공학으로 들어가는 승차권 | 노산의 위험
　　직업과 가정의 조화: 변화와 저항 사이의 신조 _183
　　불안정한 노동계약, 불안정한 이력 | 지속성 대신 유동성 | 대학 나온 여자 또는 무자식 박사 교수
　　가사노동 이주여성: 여성 사이의 새로운 노동 분업 _194
　　작은 기업으로서의 가정 | 초국적 돌봄의 고리
　　전망 _200

8장 미래 전망 203
　　기대에서 실망으로: 2세대의 불만 _205
　　모델 1: 여성의 특수한 역할로 되돌아가는 전진 _215
　　모델 2: 평등에 다가갈수록 늘어나는 아이들 _219

옮긴이 말 _225
주 _229
참고문헌 _241

1장

인구학 논쟁

이슈가 된 출생률 감소

독일은 소멸하는 나라인가?

2006년 초 독일에서 출생률이 다시금 사회적 테마가 되었다. 출생률 감소와 가족 및 여성에 관한 논쟁이 언론에서 처음 촉발된 이후 급속히 확산되고 있는 것이다. 언론인, 학자, 정치가가 두루 참여한 이 논쟁에서는 관점 차이가 첨예하게 드러났고, 각자 주장을 펴는 과정에서 감정이 실리는 일도 많았다. 먼저 겉으로 나타난 논쟁의 경과를 살펴보자.

논쟁의 시작은 〈프랑크푸르터 알게마이네 차이퉁Frankfurter Allgemeine Zeitung〉의 공동발행인 프랑크 쉬르마허Frank Schirrmacher의 신간 《미니멈Minimum》이었다.[1] 쉬르마허는 노령화 사회에 대해 도발적으로 묘사한 《므두셀라의 공모Methusalem-Komplott》(므두셀라는 인류 역사에서 최장수자로 알려진 구약성서 속 인물—옮긴이)에 이어 이번에도 인구학적 위기 상황에 관한 시나리오를 썼다. 이 책에서 가정은 우리를 위험에서 지켜주고 생존을 가능하게 하는 이타성의 장소이자 피난처로 그려진다. 이런 시각에서 바라보면 오늘날의 독일은 가족을 거부하는 나라처럼 보인다. 사람들이 자녀를 "최소한으로" 제한해 사회적 공동생활의 기본 토대는 물론 생존의 기본 토대까지 위협한다는 것이다.

곧이어 〈슈피겔Spiegel〉이 이 주제를 다루며 "모두가 자기 자신만을 위해 산다: 아이들의 감소는 어떻게 이기주의자들의 사회를 만드는가"[2]라는 표제 기사를 실었다. 이 기사는 한층 강한 어조로 경종을 울리는데, "출산 파업" "임신 파업" "결혼 파업"[3]을 통해 우리가 "생물학적 재난"[4]을 불러일으켰고, 이는 결국 사회적 재난으로 이어진다는 것이다. 이 기사에 따르면 "현대 독일의 이혼 사회"[5]에서는 더이상 장기간에 걸친 혼인 상태가 가능하지 않기 때문에, 즉 근원적으로 정서적 신뢰가 거의 사라졌기 때문에 몰락이 불가피하다. 다시 말해 "암울한 미래로" 가는 과정에서 "사회적 연결망이 한 코 한 코 떨어져나갈 것"[6]이라는 진단이다. 임박한 비극의 원인으로는 쾌락주의와 이기주의가 거론된다. 〈슈피겔〉식 전문용어로 표현하면 "자기중심 사회Ich-Gesellschaft"[7] 또는 "쾌락 세대Genussgeneration"[8]라고 할 수 있다. 이들은 "자기 배꼽이 원하는 대로"[9] 사는 사람들로서 그 최고봉은 "모든 일을 기분 내키는 대로 해야 성이 차는 무자녀 고소득 부부"[10]다.

이상이 전문 언론인들의 진단이다. 거의 같은 시기에 학계에서도 한 권의 책이 출간되어 출생률 감소는 계속해서 머리기사를 장식했다. 《국가 인구 실태Die demographische Lage der Nation》라는 제목으로 베를린인구 발전연구소에서 발간한 책이다. 이 책은 다분히 부정적인 의미에서 새로운 기록을 제시한다. 독일의 출생률이 "전 세계에서 꼴찌"라는 것이다.[11] 마지막으로 정치권에서도 두 가지 가족정책 사안을 두고 논쟁을 시작하는데, 바로 아버지의 육아휴직 도입 문제와 부부 단위 과세를 가족 단위 과세로 대체하는 문제다. 이 논쟁 역시 인구 주제의 소용돌이 속으로 빨려 들어갔고, 결국 출생률 면에서 효과가 있느냐는 질문으로 귀결되기 일쑤였다.

앞선 논의들을 시작으로 이후 독일의 대형 신문들에 수많은 글이 게재되며 감정 실린 언론 논쟁이 이어졌다. 파국의 시나리오가 자장가와 뒤섞이는가 하면, 개인적인 경험과 통계 수치가 나란히 실리기도 했다. 신조어 또한 신속하게 퍼져나갔다. 예를 들어 독일인은 "후손 부족 체질Nachwuchsschwäche"[12]이라는 병을 앓고 있다거나, "아이를 망각kinderver-gessen"[13]했으며 "젊은이가 부족한unterjüngt"[14] 상태라는 것, 따라서 독일은 "소아병에 걸린 국가kinderkranke Nation"[15]이고 "소멸해가는 나라Schwund-land"[16]라는 식의 표현이었다. 〈프랑크푸르터 알게마이네 차이퉁〉에서 〈쥐트도이체 차이퉁Süddeutsche Zeitung〉에 이르는 대표적 일간지들과 〈슈피겔〉 〈차이트ZEIT〉 〈벨트WELT〉 같은 주간지들까지 이 주제에 많은 지면을 할애했다. 왜 갈수록 아이를 적게 낳으며, 이것이 사회에 어떤 영향을 미치는지, 앞으로도 출생률 감소 추세는 불가피한 것인지, 아니면 막을 수 있고 또 막아야 하는 것인지에. 대해 계속 논쟁이 일어났다.

요약하자면, 현재 언론의 관심은 인구 주제에 집중되고 있다. 왜 그렇게 되었으며 왜 하필 지금 그렇게 되었는가? 객관적 사실은 무엇인가? 경험적 데이터는 얼마나 확실하며 또 얼마나 새롭고 충격적인가? 이를 확인하는 데는 두 가지 짤막한 비교가 도움이 될 것이다. 첫째, 역사적으로 비교해볼 때 출생률 감소가 실제로 심각해졌느냐는 점이다. 둘째, 국제적으로 비교해볼 때 독일이 정말로 세계에서 가장 출생률이 낮은 나라인가 하는 물음이다.

객관적 사실에 대한 짧은 고찰

학계의 연구와 언론 보도 덕분에 독일 가족이 규모가 작고 자녀가 적다는 사실 정도는 누구나 알고 있다. 그러나 이런 경향이 어제오늘 형성된 것이 아니라 훨씬 오래전부터 시작되었다는 사실은 잘 알려져 있지 않다. 독일에서 최초로 출생률 감소가 시작된 때는 1900년경이었다. 그 후 1950년대와 1960년대 초반에 잠시 베이비붐이 나타났다가, 1965년에 인구학자들이 제2차 출생률 감소라고 부르는 시기가 시작되었다.[17] 이렇게 지속적으로 감소하던 출생률은 몇 년 전부터 물론 낮은 수준이긴 하지만 어느 정도 일정하게 유지되고 있다.[18] 그러나 〈프랑크푸르터 알게마이네 차이퉁〉에 따르면 장기간에 걸친 이런 추세는 2005년 새로운 저점에 도달했다고 한다. 한 해에 태어난 아기의 수가 67만 6000명 이하로 내려간 것인데, 이는 "서독과 동독을 합쳐 총 135만 7000명의 아기가 태어났던 1964년과 비교해 절반으로 줄었다"[19]는 의미이기 때문이다.

이 수치는 매우 인상적인 것처럼 들리지만 자세히 살펴보면 한 가지 오류가 있다. 이런 내용이 언론을 통해 보도된 시점에는 아직 확실한 데이터가 아니라 잠정적인 평가들만 나온 상태였다. 이와는 다른 평가들도 존재했는데, 예를 들어 같은 시기에 연방인구연구소에서 내놓은 평가는 출생률이 그보다 조금 높게 나왔다.[20] 실제로 나중에 연방인구연구소의 평가가 맞았다는 사실이 드러났다. 68만 6000명의 아기가 태어났던 것이다.[21]

게다가 출생률 감소는 독일만이 아니라 거의 모든 선진국에서 나타나는 특징이다. 지난 몇십 년간 유럽 각국의 변화를 나타낸 표(22쪽)를 보면 독일의 출생률이 다른 나라들에 비해 낮다는 사실을 쉽게 알 수 있다. 그러나 베를린인구발전연구소가 주장하듯이 독일이 세계에서 출생률이 가장 낮은 나라인가? 이는 앞서 언급한 베를린인구발전연구소의 책자에 의해 탄생한 신화다. 그리고 그것은 인구 1,000명당 출생률이라는 매우 거친 측정치에서 비롯된 것이다. 인구학에서 통상적으로 사용되는, 그러니까 좀더 믿을 만한 측정 기준인 여성 1인당 평균 자녀

1970~2000년 유럽 여성 1인당 자녀 수

국가	1970년	1980년	1990년	2000년
아일랜드	3.93	3.25	2.11	1.89
프랑스	2.47	1.95	1.78	1.89
노르웨이	2.50	1.72	1.93	1.85
룩셈부르크	1.98	1.49	1.60	1.79
덴마크	1.95	1.55	1.67	1.77
핀란드	1.83	1.63	1.78	1.73
네덜란드	2.57	1.60	1.62	1.72
벨기에	2.25	1.68	1.62	1.72
영국	2.45	1.90	1.83	1.66
스웨덴	1.92	1.68	2.13	1.54
포르투갈	3.02	2.18	1.57	1.52
스위스	2.10	1.55	1.58	1.50
독일	2.03	1.56	1.45	1.36
오스트리아	2.29	1.62	1.45	1.34
그리스	2.39	2.21	1.39	1.29
스페인	2.88	2.20	1.36	1.24
이탈리아	2.42	1.64	1.33	1.23

출처: Kiernan, 2004, 22쪽.

수를 택할 경우에는 그림이 달라진다(23쪽 그래프). 연방인구연구소는 "독일이 출생률에서 부정적인 의미로 앞서 가고 있다는 사실은 말할 필요도 없다"라고 주장한다.[22] 그러나 출생률이 독일보다 낮은 나라들이 분명 존재하며, 특히 남유럽과 동유럽 국가들이 그렇다.

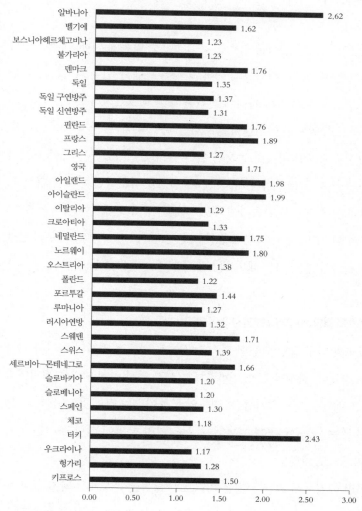

2003/2004년 유럽 각국의 여성 1인당 자녀 수

알바니아	2.62
벨기에	1.62
보스니아헤르체고비나	1.23
불가리아	1.23
덴마크	1.76
독일	1.35
독일 구연방주	1.37
독일 신연방주	1.31
핀란드	1.76
프랑스	1.89
그리스	1.27
영국	1.71
아일랜드	1.98
아이슬란드	1.99
이탈리아	1.29
크로아티아	1.33
네덜란드	1.75
노르웨이	1.80
오스트리아	1.38
폴란드	1.22
포르투갈	1.44
루마니아	1.27
러시아연방	1.32
스웨덴	1.71
스위스	1.39
세르비아-몬테네그로	1.66
슬로바키아	1.20
슬로베니아	1.20
스페인	1.30
체코	1.18
터키	2.43
우크라이나	1.17
헝가리	1.28
키프로스	1.50

출처: 연방인구연구소, 2006.

논쟁의 가담자들과 입장들

최근의 극적인 출생률 감소는 본질적으로 언론에 의해 만들어진 사건이라 할 수 있다. 사람들의 이목을 끌어 판매 부수를 높이려는 신문들의 경쟁과 눈에 띄는 자리에 신간을 놓아 베스트셀러로 만들기 위해 의도적으로 연출한 마케팅이 공모한 결과인 것이다. 역사를 어느 정도 아는 사람이라면 비슷한 논쟁이 이미 과거에도 있었다는 사실을 눈치 챘을 것이다. 쉬르마허와 〈슈피겔〉은 출생률 감소라는 주제를 다시 끄집어내 언론 효과를 만들어냈지만, 그것은 이미 오래전에 여러 차례 호황을 누린 적이 있다. 최근의 흥분 곡선은 전사前史를 가지고 있다. 신랄하게 말하자면 "우리는 매번 계속해서 멸종"[23]하고 있는 것이다.

국가의 멸망에서부터 불안한 연금까지

인구와 인구 발전에 관한 과거 논의에서 척도는 언제나 국가와 국가의 유지였다. 출생률 감소를 바라보는 시각 역시 이에 따라 특징지어졌다. 20세기 초 인구학자들은 "민족의 죽음이라는 위험"을 걱정했고 "청소년 없는 민족"에 관해 설파했다. 독일인의 사멸에 대한 우려는 국가적 비극으로 나타났다.

이런 배경에서 최근 논쟁을 바라보면 오늘날 논쟁에서 빠진 것이 무엇인지가 제일 먼저 눈에 띈다. 논쟁에 참여한 사람들이 속으로 무슨 생각을 하건, 술자리에서 어떤 이야기가 오가건 간에, 공식 공간에서는 국가적인 호소나 민족주의적인 어조를 거의 찾아볼 수 없다. 정확하게 말하자면 단지 배음倍音으로만 존재할 뿐 명시적으로 표현되지 않는다. 독일은 나치 시대에 인구학과 정치의 동맹이라는 문제를 체험한 후 민족이나 조국을 척도로 삼는 주장을 불신하게 되었기 때문이다. 최근 논쟁에서 한 논자가 "인구학은 지뢰밭이다"[24]라고 표현하자 금세 사람들에게 공감을 얻었다. 출생률 감소가 위기의 시나리오로 묘사되는 경우에도 그 표현 방식은 계속 바뀌어왔다. 이는 일종의 부담 전가 또는 세속화라고 할 수 있을 것이다. "독일인의 사멸"은 더이상 파국으로서 개탄의 대상이 되거나 세계 멸망의 드라마로 양식화되지 않는다. 그 대신 세대 간 합의의 파기, 불안한 연금, 사회복지 체계의 과중한 부담, 경기 침체 같은 표제어가 전형적인 공포의 시나리오가 되었다.

누가 누구와 대립하는가?

베이비붐이 끝났다는 사실이 점점 눈에 띄기 시작하면서 출생률 감소가 다시 한 번 시야에 들어온 1970년대에는 남녀 관계에서 특히 긴장이 높아졌다. 그 시대의 슬로건은 "해방"이었다. 그것은 선동어로서 끝없는 소요와 혼란을 불러일으켰으며 출생률에 관한 논의에도 영향을 미쳤다. 이때 서로 대립하는 입장을 보이는 두 그룹이 크게 부각되었다. 한쪽은 새로 형성되던 여성운동에 속한 혁명적 열정이 넘치는 여성들로, 전통적 어머니의 역할을 억압의 도구로 이해하고 "내 배는 나의 것"이라는 구호를 만들어냈다. 이들은 출산 파업을 호소하며 낙태의 자유를 위한 시위를 벌였다. 다른 그룹은 보수 진영의 정치가, 학자, 언론의 논설위원들로, 모성을 여성의 고유한 천명이자 그것의 실현으로 간주했다. 따라서 여성운동의 저항 행위를 이기심과 그릇된 의식의 결과이며 잘못된 것이라고 보았다.

그렇다면 오늘날은 어떠한가? 양쪽 모두 어조가 덜 날카로워졌고 한층 신중해졌다. 여성운동(또는 여성운동에서 아직도 존재하는 것이 있다면)은 폭발력을 잃고 연구소나 대학 울타리 안의 온순한 길을 걸었다. 그리고 여성운동의 적들은 공식적인 발언을 해야 하는 경우 성별 관계라는 주제가 정치적 폭탄을 포함하며 외교적인 단어 선택을 요구한다는 사실을 알았다. 그럼에도 수많은 기고문 속에서 몇 가지 전형적인 남성적 논증의 틀과 여성적 논증의 틀을 확인할 수 있다. 인구학적 위기 시나리오를 퍼뜨리는 것은 대개 남성들이다. 이에 반해 여성들은 "출생률 위기 소동"[25]이라든가 "생식을 옹호하는 선동전"[26] "출산 장려 운동"[27] 같은 표현에 강하게 항의하는 경우가 많다.

때로는 남성과 여성의 시각 차이, 남성의 경험과 여성의 경험이 지닌 차이가 "남성의 시뮬레이션 게임과 여성의 현실"[28]과 같은 식으로 공개적인 주제가 되기도 한다. 예를 들어 이리스 라디슈^{Iris Radisch}는 젊은 여성들에게 끊임없이 애국적 사명을 환기시키는 "새로운 중년 신사들"

을 언급한다.[29] 인구 논쟁과 관련된 주자네 가슈케[Susanne Gaschke]의 기고문 제목은 "남성들이 시끄럽게 떠든다면"[30]이며, 알리스 슈바르처[Alice Schwarzer]는 위기 시나리오를 "가부장제의 공황상태"[31]라고 지칭한다. 반대쪽에서는 슈테판 디트리히[Stefan Dietrich]가 "여성주의의 해방 이데올로기"[32]에 근본적인 책임이 있다고 주장한다. 그런 이데올로기가 여성들에게 그릇된 목표를 제시해 출산을 기피하도록 만들었다는 것이다.

그러나 남성과 여성을 가르는 선이 불명확한 경우도 많다. 양쪽 모두에 그들의 노선에서 벗어난 사람들이 있기 때문이다. 많은 대립에도 전투는 제한적이며 남녀 사이에 명확한 전선을 형성한 전쟁은 일어나지 않는다.*

그 대신 양극화의 두 번째 차원이 나타나는데, 거칠게 요약하면 독일의 언론 매체 지형은 크게 두 진영으로 나뉜다. 〈프랑크푸르터 알게마이네 차이퉁〉과 〈슈피겔〉로 대표되는 쪽은 지치지 않고 인구학적 위기를 강조하며, 전국지인 〈차이트〉와 〈쥐트도이체 차이퉁〉은 그런 주제에 거리를 두는 언론이다. 예를 들어 〈프랑크푸르터 알게마이네 차

---

* 어쩌면 '남성은 이쪽, 여성은 저쪽' 같은 틀에 따라 의견이 달라진다기보다는 나이에 따라 의견이 달라진다고도 할 수 있을 것이다. 나이가 성별보다 큰 영향을 미친다고 할 수는 없지만 적어도 비슷한 정도로는 영향을 미친다. 내 생각에 위기의 시나리오를 대변하는 것은 나이 든 남성들이고, 일상적으로 부모 노릇에 더 익숙한 젊은 남성들은 출산 증대 요구에 소극적이다. 이런 추측을 좀더 정확하게 추적한다면 아주 흥미로울 것이다. 그러나 에세이와 신문 기고문은 필자 이름은 밝히지만 출생 연도는 밝히지 않으므로 이는 매우 수고스러운 작업이 될 것이다.

이퉁〉의 필자 안드레아스 킬프Andreas Kilb는 "자녀 문제는 사회의 핵심 문제가 되었다"[33]라며 "이 나라의 미래 흥망"[34]이 여기에 달렸다고 말하는데, 이 문장이야말로 신문의 입장을 대변하는 모토다. 이와는 반대로 〈차이트〉의 공동발행인인 요제프 요페Josef Joffe는 신문 1면을 통해 의식적으로 "자녀들의 소멸—그래서? 그게 뭐 어떻다는 건가?"[35]라는 도발적인 질문을 던진다. 또 〈쥐트도이체 차이퉁〉에서는 알렉스 륄레Alex Rühle가 쉬르마허를 겨냥하여, 그런 주제의 목표는 여성에게 주는 "자궁 십자공로훈장"[36]일 것이라 말한다. 그러나 여기서도 양 진영을 가르는 선이 명확하지는 않은데, 기본 틀에서 벗어난 예외들이 있기 때문이다.

이처럼 인구학 논쟁에서는 각자의 강조점과 주제에 따라 극단적인 해석과 입장이 나타난다. 그러나 진영을 막론하고 계속해서 등장하며 마치 라이트모티프(Leitmotiv, 오페라 등에서 주제 동기를 취하여 되풀이되는 악구—옮긴이)처럼 수많은 글들에서 직접적으로 주제가 되거나 투영되어 나타나는 문제가 있다. 알리스 슈바르처는 〈슈피겔〉과의 인터뷰에서 "인구학적 논쟁은 언제나 여성의 역할에 관한 은폐된 논쟁이었다"[37]라고 정식화한 바 있다. 최근 논쟁의 내용과 논점 역시 이 문장으로 대신할 수 있다. 출생률 감소라는 주제는 불가피하게 여성의 역할과 지위 및 인생 설계에 관한 논의로 이어진다. 그리고 바로 이 부분에서 논쟁의 분위기가 눈에 띄게 과열되고 긴장감이 생기는 것이다. 이때는 사회 전체적인 비용의 대차대조표나 부하율負荷率 같은 추상적인 문제가 아니라, 자신에게 밀접하고 개인적인 주제가 대두된다. 남성이든 여성이든, 드러내든 그렇지 못하든 간에, 자기 인생의 결정들을 다루게 되는 것이다. 다시 말해 세계와 자기 자신 그리고 타인을 바라보는 서로 다른 관점이 부딪힌다.

여성의 관점

출산에 방해가 되지 않는 선에서만 직업을 가져라

학계는 출생률 저하에 영향을 미치는 요인으로 여러 가지를 들지만, 인구학적 위기를 강조하는 대중 과학 필자들은 일목요연하고 단순한 이미지를 원한다. 그중에서도 한 가지를 특히 강조하는데, 바로 아이와 직업의 경쟁이다. 이런 관점에서 여성의 직업활동은 완곡하게 말하면 사회적 문제이고, 직설적으로 말하면 출생률 증가를 바라는 사람들의 적이다.

그러나 그 이상 공공연하게 발언하는 사람은 없을 것이다. 여기서부터 정치적으로 민감한 구역이 시작된다는 사실을 알고 있기 때문이다. 법에서부터 정치와 언론에 이르기까지 공적 삶의 전 영역에서 그동안 평등의 규범, 즉 권리와 기회의 평등은 확고하게 자리를 잡았다. 아무런 생각이 없는 사람이나 영웅적 투사만이 여전히 "여자들은 부뚜막으로 돌아가라"라는 식의 직접적인 구호를 외친다. 이런 분위기는 인구학 논쟁에서도 감지할 수 있다. 소수의 사람만이 '여성과 직업'이라는 자극적인 주제에 발을 들여놓으려 한다. 여성운동이 "가정주부의 근절"[38]을 목표로 한다거나 "왜곡된 해방"이 "여성을 직업으로 내몰았고 그 속에서 여성은 자기 자신과 가족에게 소외되었다"[39]라는 식의 공격적인 진술은 오히려 드물다.

　그 대신 점잖은 어조의 표현이 선호된다. 처음에는 직업을 가지려는 여성의 소망을 정당한 것으로 인정하지만, 뒤이어 어머니들에게만 특수한 경기 규칙을 덧붙이는 식이다. 다른 논의에서 이미 잘 알려진 레퍼토리가 인구학 논쟁에서 다시 등장한다. 오래된 새 제안은 휴직, 시간제 근무, 직업적 야망의 제한 등이다. 첫 번째 선택지인 휴직과 관련해서는 주로 "6~7년간의 육아 휴가"[40]가 이야기된다(그러나 이들은 아버지의 육아휴직에 대해서는 격렬히 맞서 싸운다). 다른 글에서는 "한 사람의 경력은 3년이나 5년 정도 휴직했다는 사실로 결정되지 않는다"[41]라는 위안이 발견된다. 두 번째 선택지인 시간제 근무의 경우, 여성 스스로의 관심을 지적한다. "자녀들과의 밀접한 교류를 완전히 포기하는 것을 원하지 않기"[42] 때문에 여성들 "대다수"가 이런 노동 형태를 원한다는 식이다. 세 번째 선택지인 직업적 야망의 축소와 관련해서는 내면의 우선순위를 새롭게 규정하고 인생을 가치 있게 만드는 것에 대해 고민하라는 연설이 등장한다. "좋은 급여를 위해 엄청난 노동시간과 해고나 실업에 대한 끊임없는 공포를 견디고, 그 때문에 가정을 이루지 않는 것은 진정한 삶이 아니다. 자녀를 포기하는 것이 아니라 자녀를 가지는 것이 더 높은 수준의 자기실현이다." 다른 말로 하면 "아이와 함께하는 해방"이야말로 진정한 해방이라는 것이다.[43]

휴직, 시간제 근무, 직업적 야망의 제한. 이것이 바로 인구학적 위기 진영에서 나온 전형적인 제안이다. 여성을 위한 그들의 구호를 간결하게 요약하면, 직업을 가지는 것은 좋지만 출산에 방해되지 않는 수준에서만 가지라는 것이다.

생물학의 힘

이런 표현은 기회균등이라는 요구에 비춰볼 때 불쾌감을 유발할 수도 있기 때문에 위기 진영의 대표자들은 고상함을 보장해주는 난공불락의 이론을 선택한다. 그들이 근거로 내세우는 것은 생물학, 즉 자연의 법칙이다. 생물학이 남녀의 노동 분업을 설명하는 열쇠를 제공한다고 주장하는 것이다. 어머니와 아이의 공생관계라는 특별한 친근함 역시 생물학, 즉 아기를 임신하고 출산하고 수유하는 것이 여성이라는 사실에 근거를 두고 있다.

쉬르마허와 〈슈피겔〉 역시 "진화생물학"[44]과 "뇌간"[45]을 거듭 언급한다. 그들에게 가족이란 "근원적 힘",[46] 그러니까 "태곳적부터 내려온 것"[47]이다. 성별 관계는 자연의 프로그램 안에 정해져 있으며 공동체의 생존을 위해 포기할 수 없는 것이 여성의 특별한 사명으로 정해지는데,

이것이 바로 "이타심과 희생 능력이라는 재능"[48]이다. 아버지의 육아휴직 도입에 격렬한 입장을 취하는 〈프랑크푸르터 알게마이네 차이퉁〉의 기고문 역시 생물학의 힘을 다루고 있다. 이런 필자에게 그 같은 계획은 자연의 흐름을 벗어난 것이며 실패할 수밖에 없는 운명이다. 여성은 아이와 지극히 원초적인 친밀함으로 연결되어 아이를 직접 돌보기를 원하기 때문이다. 즉 아이는 "여성의 몸속에서 자라서 … 여성에게서 태어나고 그들의 젖을 먹는다". 반면에 아버지들은 육아를 하도록 정해지지 않았기에 오늘날 육아라는 그릇된 역할을 강요받고 전혀 다른 목적에 시간을 사용하게 된다는 것이다.[49] 저널리스트 울리히 그라이너Ulrich Greiner가 쓴 글도 마찬가지로 생물학적 차이를 겨냥하고 있는데, 그 제목은 특징적이게도 "남자가 할 수 없는 것"이다. 필자는 요즘 여성들이 사실상 모든 분야에서 남성들과 경쟁할 수 있는 데 반해 남성은 부족한 존재라고 본다. 남성에게는 진정하고 원초적인 한 가지, 즉 임신이 허용되지 않기 때문이다. 필자는 그만큼 모성의 "비밀과 위대함"을 찬미하며, 임신과 수유와 기저귀 갈기에 대해 노골적으로 시적인 어조로 말한다. 그런 행위가 "쉽게 느끼기 힘든 최고로 에로틱한 체험"이라는 것이다. 그는 여성들이 자신의 고유한 재능의 가치를 인정할 줄 모른다는 사실에 개탄한다. 여성들은 "자신들이 아이를 낳음으로써 유일무이한 권한을 행사할 수 있다는 사실을 잊어버린 것처럼 보인다"는 것이다.[50]

이어지는 논쟁에서 한 여성이 가장 풍부하게 생물학을 차용한다. 바로 〈타게스샤우Tagesschau〉의 대변인인 에바 헤르만Eva Herman이다. 그녀의 글은 "페미니즘이 여성을 어머니 역할에 사용할 수 없게 만들었다"라는 비난으로 시작한다. 그러고 난 다음 그녀는 "생물학적 맥락"을 고찰한다. "남성은 능동적이고 강하며 보호하는 쪽으로 창조되었고, 여성은 감정을 느끼고 공감하는 더 순수하고 모성적인 쪽으로 창조되었다"는 것이다. 그런데 여성이 "점차 남성적인 존재로 발전하게 되면 … 우리가 자연에 반하게 된다면 … 불가피하게 여성의 탈여성화로 귀결된다". 그럴 경우 "우리는 우리의 파트너에게서 강한 남성성을 모두 빼앗게 될 것이다". 그러면 결말은 분명하다. "우리는 사멸할 것이다."[51]

정년퇴직한 사회소아학 교수인 테오도르 헬브뤼게Theodor Hellbrügge는 이 글에 대한 대답에서 "헤르만 씨는 운이 좋다"라는 말로 의견을 표명하기 시작한다. 헬브뤼게에 따르면, 아이가 최초이자 가장 중요한 준거 인물로 어머니를 필요로 한다는 사실은 깨질 수 없는 자연법칙이다. 따라서 어머니는 대체될 수 없다. 그의 신조는 어머니가 옆에 있을 때에만, 즉 어머니가 직접 돌보고 양육할 때에만 아이가 잘 자랄 수 있다는 것이다. 그와 달리 어머니가 금방 다시 일을 하는 것은 "아이에게서 결정적인 발전 가능성을 빼앗는 것이다". 그렇다면 "교감을 소홀히 한" 결과는? 이런 아이들은 심각한 장애 증상이나 "애정 결핍과 공격성"[52]을 보인다고 한다.

남성의 부재와 어머니의 일상

이런 주장들이 성공을 거두면 거둘수록 반대편에서는 당황과 항의, 그리고 분노가 커진다. 처음 논쟁을 이끌었던 이들이 전문 언론인 남성들이었다면, 시간이 흐르면서 점점 여성들의 발언도 늘어갔다. 여성 잡지 〈브리기테Brigitte〉에 실린 한 기사는 "근래 들어 이토록 화가 나본 적이 없었다"라는 문장으로 시작한다.[53] 필자는 인구학 논쟁에서 "19세기 여성의 이미지, 즉 부엌데기라는 이미지를 다시 꺼내서 사용하고 있다"라고 말한다. 또다른 여성 저널리스트의 글에서도 비슷하게 격앙된 태도가 나타난다. "뻔뻔한 일이다. … 어떻게 2006년도에 임신을 오로지 여성만의 문제로 설명할 수 있단 말인가? 잠재적인 아버지들은 어디에 있는가? … 아이라는 주제는 원래 세상에서 가장 자연스러워야 할 주제인데, 언론에서 이를 다루는 태도는 그로테스크하기 짝이 없다."[54]

인구학 논쟁의 이쪽 편에서는 남성인 아버지에 관해 자주 이야기한다. 이 진영의 필자들은 출생률 감소라는 주제가 다루어지는 방식에 빈 곳이 있음을 지적한다. 여성에게만 주목하며 남성은 눈에 보이지 않는다는 것이다. "남자들과 아버지들은 이 토론에서 아무런 역할도 하지 않는다."[55] 그러나 출생률 감소를 바라볼 때 그런 식의 누락은 치명적이다. 왜냐하면 "아버지들의 역할에 대한 새로운 이해"[56] 없이 출생률 감소는 멈추지 않을 것이기 때문이다.

이 진영의 필자들은 여성의 취업이라는 주제에 관한 지배적인 이미지에 분명한 어조로 반대한다. 그들은 직업이냐 아이냐를 두고 다투는 것은 여성에게 필연적으로 주어진 운명이 아니라고 주장한다. 아이를 가지려는 마음에 제동을 거는 것은 여성의 직업활동 자체가 아니라 아이와 어머니에게 적대적인 주변 여건이다. 가령 적합한 보육시설이 눈에 띄게 부족하다는 점을 예로 들 수 있다. "독일은 가족정책 측면에서 1970년대 알바니아의 지정학적 수준보다 뒤처진 절망적인 수준이며 이데올로기적으로도 매우 고루하다. 유럽 전체에서 보육시설이 가장 부족하고 종일학교는 더욱 적다."[57] 또 어머니에게 보조교사의 역할을 요구하는 교육체계도 문제다. 독일은 "엄마의 나라다. … 가정주부가 없으면 독일 학교는 파산 선언을 해야 할 것이다".[58] 이에 반해 더이상 전통적인 모델이 지배하지 않는 나라, 즉 유연한 노동 형태, 생활 형태, 가족 형태가 자리 잡은 나라에서는 여성들이 확실히 자녀를 더 많이 낳는다. "더 현대적인 공동생활 형태에 개방되어 있고 직업을 가진 어머니들을 다양하게 지원하는 사회, … 더 많은 아버지들이 자녀를 돌보는 곳, 예를 들어 프랑스나 스웨덴, 아이슬란드 같은 나라는 이탈리아나 스페인, 독일보다 기본적으로 자녀 수가 더 많다."[59] 정말로 출생률 저하를 멈추려고 한다면 지금까지의 논쟁에서 거론된 결론들은 틀렸다. 왜냐하면 생물학이 문제가 아니라 사회적 변화와 정치적 조치가 문제이기 때문이다. "지금 여성의 생물학적 특수성에 대해 다시 상기하는 것은 여성의 일이 아니다. … 출산을 당연시하는 조건을 만드는 것은 우선적으로 국가의 문제다."[60]

　마지막으로 눈에 띄게 많이 언급되는 것이 어머니들의 일상에 관한 내용이다. 특히 모성의 숭고함을 끊임없이 찬미하는 사람들의 묘사에 의식적으로 대응하는 방식으로 서술된다. "행운의 대가"라는 제목으로 이리스 라디슈는 살풍경한 측면, 즉 오늘날 어머니라는 존재의 열악한 상황에 대해 낱낱이 밝히면서 의식적으로 "불편한 진실"에 시선을 돌린다. 그중 가장 중요한 것은 "아이가 있는 여성은 자신의 인생을 바꿔야 하는데 아이가 있는 남성은 생애의 한 시기만을 바꾼다"는 사실이다. 이 말은 "아이가 있는 남성은 계속해서 자기실현을 할 수 있지만, 여성은 그렇게 할 수 없다"는 것을 의미한다. "아버지가 아버지 노릇을 중간에 그만두기로 마음먹었을 경우에"는 더욱 심각한 상황이 되는데, 그러면 여성은 한시도 쉬지 못하고 자기 시간을 육아에 투자해야 한다. 부부가 부부로 남는 운 좋은 경우에도, 중산층 가정의 필수품처럼 되어버린 부모 잡지나 교육 컨설턴트 등 과도한 교육적 요구로 이루어진 체제를 상대해야 하는 쪽은 어머니다. 끊임없이 반복되는 교육 전문가들의 후렴구는 아이들이 "애정 어린 말 걸기, 책 읽어주기, 노래하기, 이야기 해주기, 함께 체험하기를 필요로 한다"는 것이다. 이 모든 일이 행복한 순간이라는 사실은 말할 나위가 없다. 단지 그 순간들이 모여서 종일 프로그램이 되고 어머니 자신의 활동을 위한 여지가 거의 없을 뿐이다. 그래도 여전히 직업을 가지려고 할 경우에는 개인의 엄청난 희생이 따른다. "직업과 아이의 바람직한 조화란 환상이다. 다시 말해 그것들은 전혀 조화를 이룰 수 없다. 단지 무언가가 더해질 뿐이다. 노동에 노동을 더하는 것이다. 그리고 그 결과는 기진맥진이다."[61]

인구학 논쟁에서 남성의 부재, 불리한 주위 여건, 어머니의 무미건조한 일상은 출산 캠페인에 응하지 않으려는 사람들의 주장에서 나타나는 전형적인 요소다. 그들은 모성이나 아이에 반대하지 않는다. 그러나 '오늘날 이곳에서' 제기되는 요구들에 대해서는 분명하게 반대한다. 아이를 가지는 것이 다른 모든 것을 밀어내는 인생의 계획인가? 그런 기대는 부당한 것이고 당사자 모두에게 불쾌한 것이며 자연에 의해 움직일 수 없다고 정해진 것이 결코 아니다. 다른 형태의 모성이 있을 수 있고 다른 곳에서 성공적으로 실행될 수도 있다. 이를 하나의 명제로 압축하면, 아이들은 좋지만 특정한 조건 아래에서만, 한 조각 자기 인생을 위한 여지가 있을 경우에만 좋다고 할 수 있다.

중간 요약

지금까지의 고찰을 요약하면, 인구학 논쟁은 성별 역할에 관한 토론을 새롭게 부활시켰다. 다양한 기고문 속에서 양극단의 진영이 형성되었는데, 한쪽은 여성에게만 주목하고 다른 쪽은 남성의 부재를 비판한다. 한쪽은 생물학을 언급하고 다른 쪽은 사회적 조건을 언급한다. 한쪽은 모성의 위대함과 숭고함을, 다른 쪽은 어머니의 삭막한 일상을 애기한다. 결론적으로 반대되는 구호 두 가지가 도출된다. 위기의 시나리오를 대변하는 쪽이 "여성의 직업활동은 좋다. 그러나 출산에 방해되지 않는 정도로만"이라면, 출산 캠페인 회의론자들은 "아이는 좋다. 그러나 자기 인생을 위한 여지가 있는 경우에만"이라고 할 수 있다.

이로써 우리는 아이를 가지려는 소망 및 출생률 감소와 관련하여 결정적인 지점에 도달했다. '한 조각의 자기 인생'이라는 주장은 어떻게 해석해야 할 것인가? 그것은 성공을 말하는 것일까? 아니면 스캔들? 역사적 진보? 잘못된 길? 도대체 이 주장이 정확히 뜻하는 바는 무엇일까? 그것은 어디에서 온 것이며 무엇을 원하는 것인가?

이 책은 이 질문에 대해, 그리고 거기에서 발생하는 갈등과 투쟁에 관해 다룰 것이다. 중심이 되는 것은 모성과 여성의 자기 인생 사이의 긴장 관계다. 이는 이미 긴 전사를 겪고 난 오늘날 다시 한 번 절박하고 시급한 주제가 되었다. 과거에는 어머니가 되는 것이 당연히 여성의 인생에 속했는데, 갈수록 이것이 문제가 되고 있는 것이다. 오늘날의 질문은 아이를 가지느냐 마느냐 하는 것이며 많은 여성이 이를 두고 긴 결정의 과정을 겪는다. 이때 여성들을 움직이거나 망설이거나 신중하게 검토하도록 만드는 것은 단순히 개인적인 갈등이 아니다. 그 이면에는 전근대사회에서 근대사회로의 획기적인 변화가 놓여 있다. 변화는 낡은 구속을 해체하고 새로운 형태의 인생행로를 창조하며 새로운 기대와 요구, 자유와 종속을 만들어냈다. 이 결과로 생겨난 한 조각 자기 인생에 대한 요구는 처음에는 조용하고 서서히, 그러다가 점차 뚜렷하게 나타났다. 이는 근대적 삶의 형태들이 어떻게 시작되고 변화되었는지를 보여주는 거울과도 같다. 이 거울을 통해 우리는 근대적 삶의 약속과 동경, 환멸과 불안, 여성의 삶과 모자 관계 속까지 파고든 갈등과 모순을 이해할 수 있을 것이다.

다음 장들에서는 이런 기본 생각을 더욱 자세하게 다룰 것이다. 사회학자 노베르트 엘리아스Norbert Elias의 말을 빌려 이 책의 모토를 요약하면, "오늘 일어나는 일은 어제 일어난 일을 알지 못하면 전혀 이해할 수 없는 경우가 많다"[62]라고 할 수 있다. 이런 의미에서 이후의 내용은 모성의 사회사 속으로 떠나는 탐험 여행에 비견할 수 있다. 특히 두 시기가 고찰의 중심이 될 것이다. 첫째는 19세기 말, 그러니까 출생률 저하가 처음 시작된 시기로 당시 여성의 상황, 특히 어머니의 상황이 어떻게 변했는지를 살펴볼 것이다. 다음은 역사를 크게 건너뛰어 2차 출생률 저하 시기, 정확하게 말하면 1965년부터 현재까지를 다룰 것이다. 출생률이 계속해서 감소한 이 40년 동안 무슨 일이 있었는지, 성별 역할에서, 특히 여성의 삶에서 어떤 변화가 나타났는지, 그리고 그것이 모성에 어떤 영향을 미쳤는지를 살펴보겠다.

2장

나만의 인생이라는
기회와 강요

이전 시대의 삶의 형태를 묘사하는 글을 읽을 때면 과거에 인간의 삶이 전통적인 구속, 예컨대 가문과 마을 공동체, 고향과 종교, 신분과 성별에 크게 규정되었다는 사실에 늘 놀라곤 한다. 그런 구속은 항상 양면성을 지닌다. 한편으로는 개인의 선택 가능성을 엄격하게 제한하지만, 다른 한편으로는 친밀감과 피난처를 제공하고 안정성과 내적 정체성의 토대가 되기도 하는 것이다. 그런 구속이 존재하는 곳에서 인간은 결코 혼자가 아니며 항상 더 큰 전체 속에서 보호받았다.

또한 우리는 근대로의 이행기를 묘사하는 글을 통해 구세계가 어떻게 변화했는지를 알게 된다. 산업화가 시작되고 도시가 성장하며 유동성이 증가하는 등의 변화와 더불어 새로운 형태의 인생행로, 새로운 사고방식 및 행동 양식, 새로운 요구, 기대, 목표가 등장한다. 이 모든 것에 공통된 근본적인 특징은 인간이 특정한 신앙 체계나 사회적 관계 같은 전통적인 구속에서 벗어나게 되었다는 점이다. 이런 변화는 경제를 비롯하여 가족, 교육과 학문, 법과 종교에 이르기까지 수많은 영역 속으로 파고들고 점점 더 넓은 집단을 포괄하여 현재는 역사적으로 전무후무한 규모에 이르게 되었다. 이런 다양한 변화의 결과, 점차 공동체 및 집단에서 벗어난 '나만의 인생'에 대한 요구와 압박이 형성되기 시작한다.

근대로의 이행기를 특징짓는 대변혁 역시 양면성을 지닌다. 이런 변화 속에는 일단 전통적 통제에서의 해방이라는 측면이 있다. "근대(성)는 사실상 해방으로 작용했다. 근대(성)는 인간을 가족, 일가, 종족 또는 소규모 공동체의 통제라는 속박에서 해방시켰다. 그것은 개인에게 전에는 알지 못했던 선택의 가능성과 유동성의 길을 열어주었다."[1]

그러나 다른 한편으로 새로운 위험과 갈등, 단절 역시 나타났다. 경제 공동체로서의 가족이 해체되면 개인은 노동시장의 요구에 종속되고 경기 변화에 좌우되며 경제 위기의 위협을 받는다. 혈통과 신분이 의미를 상실하면 사회적 유동성이 커지는 한편 경쟁의 압력과 몰락의 위험 또한 커진다. 이웃이나 친척과의 연계성이 약해지면 시야는 넓어지지만 사회적인 네트워크 역시 사라져 뿌리의 상실과 고독이라는 위협을 받는다. 간단히 말해서 "해방은 비싼 대가를 요구했다".[2]

"대중사회 속의 고독"[3] "내면의 고향 상실"[4] "자유의 추위"[5] 같은 표제

어는 근대의 시작과 함께 생긴 자유가 개인에게 도전을 의미하는 동시에 과도한 요구가 된다는 사실을 암시한다. 여기서 다양한 출구들이 나타난다. 어떤 사람들은 더 많은 노동과 더 많은 소비에 의지한다. 어떤 사람들은 구원과 고향을 약속해주는 종교나 정치적 분파에 가담한다. 또 어떤 사람들은 사적인 길을 선택해 도피로서의 사랑이나 "냉혹한 세상에서 항구"[6]가 되는 가족을 추구한다. 개별적으로는 매우 상이한 형태로 나타나지만 이런 추구가 공통적으로 가리키는 핵심은 하나다. 근대의 근본 주제는 자유와 구속의 긴장 관계라는 사실이다. 그리하여 인간을 전통적인 구속에서 순식간에 밀어낸 근대는 바로 그 때문에 새로운 구속을 동경하게 만드는 역설적인 움직임을 출현시켰다.

개인의 과제가 되어버린 인생행로

엄격한 행동 규칙과 규정을 지닌 전통적인 구속이 해체되는 곳에서는 생활 반경이 확대되고 활동 공간과 선택의 기회가 커진다. 인생행로는 많은 면에서 더욱 개방되어, 이를테면 새로 만들어질 수 있다. 그러나 인생행로를 스스로 만들어나갈 수 있게 된 것 이면에는 새로운 도전과 강제가 등장한다. 계획이나 결정이 '자유로운' 것은 사실이지만, 그와 동시에 인생행로 속으로 파고든 시장 논리에 의해 구조적으로 규정을 받게 되는 것이다. 노동 및 경제 공동체로서의 가족이 해체됨에 따라 노동시장의 매개를 거쳐 개개인과 관련을 맺는 생존 보장 형태가 새롭게 등장했기 때문이다. 이때 직업을 가진 사람의 행동은 사적인 구속을 거의 고려하지 않는 시장의 법칙, 예컨대 유동성과 유연성, 경쟁과 출세에 종속된다. 이 법칙을 따르지 않는 사람은 일자리와 수입, 그리고 사회적 지위를 내놓아야 한다. 이상적으로는 교육과 노동시장부터 의료보험과 노후 대책에 이르기까지 수많은 차원을 포괄하는 복잡한 좌표계의 중심이 되는 것은 자아다. 노동시장의 요구는 특히 개인의 미래 설계에서 중요한 전제조건이 된다. "대부분 사람들에게 인생 설계의 주요한 제도적 벡터는 노동시장 및 노동시장과 맺는 관계다. … 자신의 인생 계획을 짜는 데서 근본이 되는 것은 자신의 직업이다."[7]

하지만 이런 외면적인 묘사는 변화의 일부분만 포괄할 뿐이다. 인생 행로를 직접 만들어나갈 수 있다는 원칙적인 가능성은 (노동)시장의 논리에 의해 특정한 방향으로 결정을 내리고 행동을 하게끔 조종당하기 때문이다. 그리고 이런 시장 사회의 논리가 거기에 참여한 개인들의 내면에도 영향을 미치기 때문이다. 시장 사회의 논리는 글자 그대로의 의미에서나 비유적인 의미에서나 '나만의 공간'을 얻기 위한 싸움으로, 나를 찾으려는 노력으로, 자기실현을 위한 분투로 이어진다. 이런 표제어들이 오늘날 인터뷰와 상담 그리고 문학에서 아주 커다란 역할을 하고 있는데, 이는 집단적인 나르시시즘의 분출이 아니다. 오히려 이런 주제들은 인생행로를 개인의 과제이자 요구로 만드는 사회적·역사적 발전의 표현이다. "인생은 더이상 … '놀라운 하느님의 선물'이 아니라 지속적으로 지켜야 할 개인의 소유물이다. 나아가 인생은 스스로 만들어야 할 과제, 개인적인 기획이 된다."[8]

따라서 질문은 명백하다. 온갖 강제들을 포함하고 있으며 스스로 기획한 일대기 속에 나름의 인생 계획과 강요를 지닌 다른 사람들을 위한 공간은 얼마나 남아 있는가? 근대의 산물인 새로운 구속에 대해 동경을 가질 수 있는 공간은 얼마나 남아 있는가? 특히 여성의 경우에 우리 사회에서 그 어떤 구속보다도 직접적이고 포괄적인 아이에 대한 구속을 감당할 수 있는 공간은 얼마나 남아 있는가? 이 경우 아이는 여성의 인생에서 '이물질' 또는 지속적인 장애물이자 브레이크가 될까? 아니면 새로운 동경과 희망, 소망의 목표점이 될까?

이런 질문에 대답하기 위해 우리는 역사를 자세히 고찰해봐야 한다. 근대로 이행하는 시기에 여성의 삶은 어떻게 변화했는가? 여성은 전통적인 구속에서 언제 어떻게 해방되기 시작하는가? 근대의 인생행로를 특징짓는 자유와 구속을 여성들은 언제 어떻게 경험하는가?

3장

모성애의 역사

여성이 가족에서 해방되는 과정은 오랜 역사를 지니고 있다. 이 장에서는 그 역사의 출발점을 기술하려 한다. 여성이 가족에 강하게 매여 있던 시대를 다룰 것이며, 그런 조건에서 여성과 아이의 관계가 어떻게 형성되는가 하는 문제로 이어질 것이다. 여기서 미리 밝혀두어야 할 것은 역사가들이 찾아내는 지나간 시대의 매혹적인 다양성, 즉 풍부한 삶의 형태와 가족 유형은 관심의 대상이 아니라는 점이다. 그 대신 역사의 무한히 다양한 형태 속에서 기본적인 변화의 흐름을 파악할 수 있도록 매우 단순화하여 '평균적 모습'을 그려낼 것이다.

산업사회 이전의 가족

산업화 이전 시대에는 인구의 다수를 차지하는 집단이 농민과 수공업자였다. 18세기에 이르기까지 지배적인 노동 형태와 삶의 형태는 오늘날과 같은 의미의 가족이 아니라 '집안 전체'의 살림살이, 즉 하나의 경제 공동체였다. 이것은 '한 집'에 살고 있는 모든 사람이, 그러니까 성인 남성과 하인만이 아니라 여성, 노인, 아이도 모두 노동을 통해 공동의 생존 보장에 기여한다는 것을 의미했다.

이처럼 가족의 역할 중 경제 공동체 역할이 가장 우선시되는 시대에는 매일의 생존을 보장하고 대를 잇는 일이 지상명령이었다. 이런 조건에서는 개인의 기호나 감정, 동기를 위한 공간이 그다지 없었으며 개인이 아니라 공동의 목적과 목표가 중요했다. 역사학자 아르투르 임호프 Arthur Imhof는 농민 가족의 예를 들어 다음과 같이 묘사한다.

결정적으로 중요한 것은 … 개별적인 농가 주인의 개인적 행복이 아니라 농가 자체의 번영과 명성이었으며, 특정한 시점에 그 농가에서 살고 있는 가족이 아니라 가족의 대, 즉 가문이었다. 농가 주인을 중심으로 가문은 세대에서 세대로 이어졌다. 그러나 농가 주인은 개인으로서가 아니라 역할 담당자로서 존재했다. 중심이 되었던 것은 이념, 가치였지 자아Ego가 아니었다.[1]

배우자의 선택과 결혼을 예로 들면, 이 결합은 가족과 친척 그리고 지역민이 모두 관여하는 것으로 주로 경제적인 합의였다. 이때 장래의 배우자와 개인적으로 잘 어울리는지(또는 안 어울리는지)에 관해 묻는 일은 거의 없었다. 결혼은 사랑 때문이 아니라 경제 공동체로서의 가족에 기여하려는 목적으로 이루어졌기 때문이다. 다시 말해 가업을 위한 노동력을 하나 얻고 기존의 재산을 지키기 위해, 또한 재산과 명망을 늘리기 위해서였다.

농민들에게 '개인의 행복'이란 … 함께 일하고 건강한 아이를 낳아주며 지참금을 가져와 빚을 지지 않게 해주는 여성과 결혼하는 데 있었다. 이것 역시 일종의 행복이라는 사실을 반박할 수는 없을 것이다. 그러나 이런 토대와 무관하며 배우자 개인과 관련한 사랑 자체는 발전할 기회가 거의 없었다.[2]

배우자 관계와 마찬가지로 부모와 자식의 관계도 주로 감정보다는 가족경제의 요구들에 의해 결정되었다. 예를 들어 '가장 자연스러운' 끈이라는 모성애만 하더라도, 많은 사회사학자가 과연 과거에 모성애가 존재했는지, 아니면 근대에 와서 비로소 만들어진 것인지를 의심스럽게 여긴다.[3] 산업화 이전의 사회에서는 오늘날보다 아이를 훨씬 더 많이 낳았던 것이 사실이다. 그러나 여기에도 명백한 경제적 이유가 있었다. 상속자 및 자신의 성姓을 물려줄 사람이자 노동력으로, 그리고 부모의 노후를 보장해줄 사람으로 아이가 필요했던 것이다. 아이들은 일반적으로 환영받았으며, 특히 첫아이나 아들을 애타게 원했다는 사실은 그리 놀랄 일이 아니다. 또한 당시는 유아사망률이 높았기 때문에 어른이 될 때까지 몇 명이라도 살아남게 하려면 아이를 많이 낳을 필요가 있었다. 그러나 아이들이 경제적으로 불필요한, 심지어 짐이 되어버리는 상황도 있었다. 예컨대 아이가 약하거나 불구일 경우, 또는 나중에 지참금을 마련해주어야 하는 딸인 경우, 아니면 먹여 살릴 수 있는 이상으로 아이가 많은 경우가 그랬다. 이런 아이들은 폭력이나 굶주림, 방치로 일찍 죽는 일이 빈번했다.

1800년에 기술된 다음의 전기는 과거에 아이를 바라는 마음과 모성애가 어떤 상황이었는지를 단적으로 보여준다.

그의 어머니가 막내로 그를 낳았을 때, 그의 어머니는 이미 아들들에 질려 있었다. 집이 상속자들로 꽉 찬 것처럼 보였던 것이다. 이미 소년의 나이에 들어선 한 아들이 탄식했다. "정말 창피한 노릇이지 뭐야! 이젠 집에 들어갈 자리가 없을 정도로 자식이 많아졌으니. 쥐꼬리 같은 유산에 상속자만 넘쳐나니 얼마나 우스꽝스러운 일이야?" 이 말을 들은 어머니는 여자 특유의 격한 분노가 폭발하여 자신의 불행을 탄식하고 더는 살고 싶지 않다고 고래고래 소리를 질러댔다. 새로 태어난 아기는 어머니 품에 안겨보기도 전에 곧바로 젖을 떼인 후 다시는 어머니에게 안기지 못했다. 그 어머니는 자신을 불행한 여자라고 여기면서 아이를 옆에 오지 못하게 했다. 이런 식으로 그녀는 아들이 살 능력이 생기기도 전에 젖을 떼버려 아이에게 유일하게 허용된 전 재산인 모유마저 빼앗았다.[4]

그러나 보통의 경우 아이들은 나름의 가치를 지녔으며, 그에 따라 임신되고 출산되며 양육되었다. 물론 이때 본연의 의미에서 교육이라는 것은 존재하지 않았다. 왜냐하면 산업사회 이전에 아이들은 나름의 욕구를 가지고 있지 못하며 아직 완전히 완성되지 않은 불완전한 성인으로 간주되었기 때문이다. 따라서 아이들에게 특별한 주목이나 관심을 기울이지 않았으며, 아이들에 대한 기본 태도는 관심보다는 무관심이었다. 유년기는 중요하지 않은 이행 단계였지 의식적으로 영향을 주거나 일정한 목표를 가지고 교육해야 하는 시기가 아니었다. 현대와 같은 의미의 교육 대신 하느님을 공경하고, 복종과 덕성을 습득하도록 하는 도덕적인 지도가 있었다. 육아는 먹고 입는 것처럼 어린아이의 기초적인 욕구와 관련된 것이 전부였다. 그것을 넘어서는 것이라면, 추락이나 익사와 같은 위험에서 어린아이를 보호하기 위한 감독이나, 매질의 형태로 이루어지는 수많은 체벌이 있을 뿐이었다.

이 모든 것은 따로 비용을 들여 이루어지는 것이 아니라 일반적인 집안일과 함께 진행되었는데, 이런 방식의 육아를 담당할 인원이 대체로 충분했다. 아이들을 돌보는 노동은 여러 사람이 나누어 맡는 것이 전형적이었다. 기본 형태는 어머니가 아이의 육체적인 양육을 담당하고, 아버지는 복종과 신앙의 훈련을 담당하는 식이었다. 어머니는 가족경제에서 중요한 노동력이었기 때문에 어머니의 임무가 다른 사람들에게 옮겨지는 일이 잦았는데, 그럴 경우 조부모, 집에 같이 사는 친척, 손위형제들 또는 하인들이 그 역할을 맡았다.

> 오늘날 우리에게 친숙한 모성의 형태는 의외로 아주 새로운 제도다. 또한 유례가 없는 것으로 부유한 사회의 산물이다. 왜냐하면 대부분 인류 역사에서 … 건강한 성인 여성은 매우 가치 있는 노동력이어서 오로지 아이를 돌보는 일만 하도록 놔둘 수 없었기 때문이다.[5]

어린아이를 돌보는 일을 일반적인 노동 과정 속에 맞춰 넣기 어려울 때(예컨대 여성이 들에서 일을 해야 하는데 집에 다른 친척이나 하인이 없을 경우), 아이의 행복에 가장 잘 맞는 것이 무엇일지를 생각할 시간은 없었다. 어떤 선택지가 있었겠는가? 생존의 압박이 워낙 크다 보니, 어떤 행동을 할지는 감상적인 기준에 따라서가 아니라 냉정하게 미리 결정되어 있었다. 시간이 없을 때는 그에 맞추어 양육과 감독을 줄여야 했다. 아이들을 "가만히 놓아두는" 것이 그런 방법이었는데, 아편처럼 건강에 해로운 수단을 사용하는 경우도 종종 있었다. 더 많은 경우는 아이들끼리 함께 두는 것이었다. 이럴 경우 사고가 빈번했고 아주 치명적인 일도 많았다. 마지막으로는 아이를 집 밖으로 보내는 방법이 있다. 태어나자마자 멀리 사는 유모에게 보내 몇 달씩, 때로는 몇 년씩 두는 일도 있었다. 이는 18세기까지 많은 지역에서 널리 퍼진 풍습이었다. 이런 풍습은 유모의 생활수준을 감안해볼 때 아이를 잘 자라게 하기보다는 오히려 죽음에 이르게 만들었다. 그 대신 젖먹이에게 계속 묶여 있지 않아도 되는 어머니는 방해받지 않고 집안일과 들일을 할 수 있었다.

이제 우리의 관심사인 여성과 가족과 아이의 관계를 정리해보자. 산업사회 이전에 삶의 형태는 본질적인 영역들에서 전체로서의 가족과 관련되어 있었지, 개인과 관련되어 있지 않았다. 이런 조건에서 어머니가 되는 것은 **(결혼한) 여성의 삶에서 지극히 당연한 소명이었다. 기본적으로 '나만의' 인생이라는 것이 존재하지 않고 삶이 일차적으로 가족 공동체의 이해관계에 의해 규정되기 때문이다.** 이런 틀 속에서 여성이 아이를 가질 것이냐 말 것이냐 하는 문제는 제기될 수도 없었다. 누가 봐도 가족경제가 아이를 필요로 하는 것이 분명했기 때문이다.

부르주아 가족의 탄생

근대로의 이행기에는 낡은 제약들이 해체되고 새로운 자유의 공간과 행동의 기회가 등장한다. 한마디로 자결권과 자율성에 대한 요구가 부르주아 사회의 주도적 가치가 된 것이다. 우리는 이 같은 내용을 앞에서 언급했지만, 역사를 더 정확히 고찰하면 이것이 남성에게만 해당한다는 사실을 발견할 수 있다. 여성의 경우, 처음 한동안은 인생행로가 열리는 것이 아니라 오히려 그 어느 때보다도 더욱 가정에 한정되었다.

타인을 위한 존재가 되어야 하는 여성

청소년기부터 여성의 운명은 유일하고 위대한 희생자로 정해진다. … 여성은 자기 자신을 포기하며 자기 가족의 기쁨과 고통 이외에는 어떤 기쁨과 고통도 가지지 않는다(헨리에테 포이어바흐Henriette Feuerbach, 1839).[6]

산업화와 더불어 과거에 지배적이던 '노동과 삶의 통일'은 깨지고 가족은 노동 및 경제 공동체라는 기능을 상실한다. 남성은 다양한 형태의 직업을 가짐으로써 가정 밖에서 일하는 경우가 점점 많아진다. 이와 동시에 여성의 노동 및 삶의 상황 역시 심대한 변화를 겪게 된다. 수적으로는 물론이고 영향력과 자의식 면에서도 강력해진 새로운 중간 계층, 즉 부르주아계급에서는 여성의 삶에 관한 새로운 이상이 등장하며, 하층 계급도 점차 이를 받아들이거나 따르려고 애쓰게 된다. 그런 이상의 두드러진 특징은 여성이 집 안에 머무르면서 일한다는 차원이 아니라 (이것이 본질적인 차이인데) 활동의 중심이 **점차 집으로 국한된다**는 점이다. 이때 여성의 노동 영역은 매일처럼 요구되는 재화를 생산하는 것에서 완성된 상품을 구입하고 소비하는 것으로 축소되지만, 동시에 감정적인 과제는 확대된다. 이제 여성의 과제는 매일의 생존을 보장하는 일에 직접적으로 기여하는 데 국한되지 않고 점차 눈에 보이지 않는 차원으로 옮겨간다. 눈에 띄지 않고 언제나 준비되어 있는 '가족을 위한 존재'가 되는 것이다.

이와 같이 '한 집안'이 깨지면서 남성과 여성 사이에 새로운 노동 분업이 탄생한다. 남성은 외부 세계와 직업과 사회를 담당하고, 여성은 가정과 집안일과 가족을 맡게 된 것이다. 직접적인 활동 영역만 분리되는 것이 아니라 남성과 여성의 "본성"[7]에 대한 관념까지도 구분된다. 남성적 "본질"과 여성적 "본질"이 서로 "보완"하도록 세계 계획 속에 예정되어 있다는 이념이 지배하게 된 것이다. 여기서 남성적 본질이란 활동성과 추진력과 힘과 오성이며 여성적 본질이란 온순함과 겸손함과 감정과 감수성이다.

> 남성의 행복이란 자신이 원하는 것을 의미하며, 여성의 행복이란 남성이 원하는 것을 뜻한다(니체).[8]

그러나 이는
지구의 근원이나 만물의 근본처럼 정해진 것이니,

남자는 들에서 일하고 여자는 가정에서 일하며

남자는 칼을 들고 여자는 바늘을 들며

남자는 머리로 하고 여자는 마음으로 하며

남자는 명령하고 여자는 복종하나니.

그렇지 않은 모든 것은 혼란일 뿐…(테니슨).[9]

학문과 종교, 문학, 철학 논문과 정치 연설에서 일반적으로 이와 비슷한 이미지가 등장한다. 여성은 선과 미의 상징이자 윤리와 도덕의 수호자로서 높은 제단 위에 세워진다. 이런 관념이 발생한 시점은 경제가 봉건적 구속과 길드의 규정에서 자유로워졌지만, 아직 복지국가의 제약과 보호 규정에는 종속되지 않았던 시기와 정확하게 일치한다. 이 시기에 생존 경쟁에서 살아남기 위한 법칙이 가혹해졌기 때문이다. 이제 가혹한 생존 경쟁에 대비되는 것으로서, 즉 시장의 호모 이코노미쿠스 homo economicus에 대한 반대급부로서 여성의 역할이 설계된다. 남성이 적대적인 삶으로 나가야 할 때 "삶을 아름답게 만들고 치유하며 거친 힘에 의해 상처 입은 곳을 어루만지는 것, 삶을 그 자체 안에서 화해시키는 것이 여성의 소명"(포이어바흐, 1839)[10]이다. 여성은 좀더 나은 세상, 잃어버린 파라다이스의 상징이 된다. 심리학자인 아를레네 스콜니크 Arlene Skolnick의 말처럼, 여성은 "남성이 그들의 일상생활 속에서 높이 평가하면서도 동시에 지속적으로 침해당하는 가치들을 지키기 위해 가정에 붙들어두는 볼모로 간주"[11]된다.

"사랑스러운 여성 세계"는 "복되고 평화로운 오아시스"요, "삶의 시의 원천이자 천국의 유물"이어야 한다. "그리고 우리는 '여성문제'가 되었든 불행한 블루스타킹족(학문을 좋아하는 여자—옮긴이)이 되었든 지나치게 공부를 많이 한 국민경제학자가 되었든, 어떤 것도 이 사실을 침해하도록 내버려두지 않을 것이다. 우리는 … 아무리 가난한 '노동자'라고 하더라도 신의 가호로 그것을 가능한 한 많이 누리기를 원한다"(나투지우스Nathusius, 1871).[12]

여성은 이제 남성에게 결부된 존재로 남성의 이해관계에 따라 정의되고 한정되며 남성의 개인 비서로 정해진다. 최고의 법칙은 "남성의 마음에 드는 것"이자 "남성에게 봉사하는 것"이다. 이런 법칙 위에서 여성의 성격, 교육, 심지어 삶의 행복까지 결정되는 것이다.

이런 기본 원칙들은 고전이 된 루소의 교육서 《에밀Emile》에 분명하게 표명되어 있다. 이 책에서 소피는 다음과 같은 충고를 받는다.

그가 너 없이는 더이상 살 수 없고, 네가 떠나자마자 자기 자신이 멀리 떠난 것 같은 느낌을 받을 정도로 확고하게 그 사람의 일부가 되어라. … 네 남편이 집에서 행복하게 살 때 네가 행복한 아내가 될 것이라는 사실을 명심해라.[13]

또다른 곳에서는 여성이 "더이상 자기 자신을 위해서 창조된 것이 아니라 남편의 마음에 들고 복종하기 위해서", "남편을 편안하게 해주기 위해서", 그리고 "남편에게 양보하고 심지어 남편의 부당함마저도 참기 위해서 창조된 것"[14]이라고 말한다.

이런 표현이 계속 이어지는 가운데 그런 관념에 따를 때 가족과 남성을 위한 삶의 핵심이 어떤 것인지가 차츰 드러난다. 그것은 바로 **자기철회 내지는 자기포기**로서, 평범한 여성의 일생을 "조정하는 원칙"이며 여성에 대한 최고의 명령이자 지속적인 기대다. 이 새로운 규정 속에 들어 있는 역설이 잘 드러나도록 표현하자면 "자아실현으로서의 자아상실"[15]이라고 할 수 있을 것이다.

독립성과 남성적 본질을 가지는 것은 여성의 변질이며, 여성의 가장 큰 영예는 단순한 여성성을 지니는 것이다. 이 말은 사심 없이 순종하며 겸손하게 여성의 본성 이상을 절대로 가지려 하지 않는다는 뜻이다. … 남성은 여성보다 먼저 독립적인 것으로 창조되었으며, 여성은 남성을 위해 남성에게 덧붙여진 것이다(뢰에Löhe, 19세기).[16]

극단화된 성 역할의 기본 체계 안에서 여성은 고유한 권리를 가지고 나름의 요구를 제기하는 인격체가 될 수 없다. 그 대신 눈에 띄지 않고 말없이 순종하는 것이 여성적 미덕을 구현하는 것이 된다. 여성은 적극적으로 개입하거나 노력해서는 인정받을 수 없으며, 특이하게도 인정받기를 포기하고 수동적으로 물러나 외적인 영예를 단념함으로써만 인정받을 수 있다.

사랑스러운 여성이여, 그대는 거기 그렇게 그대의 본성 속에 있구나. 무의식적인 꽃이며 천상의 식물이며 자신이 무슨 노래를 부르는지도 모르면서 장난치며 노래하는 새여. … 그대의 힘과 품위는 행동보다는 존재에, 앞으로 나아감보다는 가만히 서 있음에, 명령보다는 복종에, 의지보다는 순종에 있노라(에른스트 모리츠 아른트Ernst Moritz Arndt, 1819).[17]

여성적 미덕의 진수는 자연의 근원적 질서로 소급될 수 있는데, 이에 따르면 여성은 … 그늘 속에서만 향기를 내뿜는 꽃이어야 한다. 자주 인용되는 또다른 말에 따르면, 최고의 여성이란 사람들에게 가장 적게 언급되는 여성이다(케테 반도Käthe Bandow, 1897).[18]

이와 유사한 인용을 늘어놓자면 끝도 없다. 그러나 이를 단지 먼 과거의 시대정신을 보여주는 예로만 읽는다면 그 본질을 잘못 이해하는 것이다. 새로운 성 역할이 인생행로를 규정하는 요인들과 국가적 통제 속으로 직접 옮겨졌기 때문이다. 그런 성 역할은 교육제도와 법, 교육목표와 법칙 속에 확고하게 자리 잡아 여성의 생활 반경을 처음부터 끝까지 '타인을 위한 삶'으로 정의했다. 공적인 교육제도가 확대되었는데도 19세기 말까지 교육 본래의 의미에서 소녀들을 위한 교육 기회는 거의 없었다.[19] 하층 계급의 소녀들은 읽고 쓰고 셈하는 최소한의 것만을 배웠으며, 그것조차 배우지 못하는 경우도 허다했다. 상류 계층의 딸들은 예의범절과 음악과 프랑스어, 그리고 수공예와 교양 있는 대화의 미덕을 습득했다. 소녀의 과제는 젊은 남성의 경우처럼 개인적인 능력을 배양하거나 뚜렷한 목표를 가지고 미래를 준비하거나 자신의 인생행로를 의식적으로 계획하는 것이 아니라 그 반대로 기다리는 것, 운명에 따르는 것, 자신의 미래 계획을 포기하는 것이었다. 소녀가 자주적인 관심의 기미만 보여도 미심쩍게 바라보았는데, 장차 결혼을 하는 데 해가 되었기 때문이다. 다시 말해 소녀의 교육은 한 분야에 대해 독자적인 이해가 시작되는 지점에서 중단되었다.

우리가 여성에게 매력을 느끼는 점은 바로 따뜻한 감정과 소박함과 신선함인데, 이 점에서 여성은 일에 시달려 일찍 어른이 되어버린 남성들보다 우월하다. 이런 속성을 통해 남성에게 보여주는 면은 여성의 가장 매력적인 부분이기에, 만약 교육을 통해 이것이 파괴된다면 여성은 자신의 매력을 잃어 돌이킬 수 없게 되고 말 것이다(바이마르 주의회 부의장 아펠리우스Appelius, 1891).[20]

실제로 모든 여성은 오직 자신이 사랑하는 남성에게서만 배운다. 그리고 사랑하는 남성이 사랑을 통해 기쁨을 얻기 위해서 가지려는 것이 무엇인지, 그리고 얼마만큼 가지려고 하는지를 배운다. 가장 좋은 것은 소녀가 결혼하여 결혼 안에서 교육을 받는 것이다. 그러나 자매나 딸, 간호사 들도 형제나 아버지, 환자와 노인 들을 따뜻한 마음으로 시중든다면 이들을 통해 배우게 될 것이다(1884년 폴 드 라가르드Paul de Lagarde가 기초한 프로이센 보수당 강령).[21]

법률체계에서도 교육체계와 비슷한 경향이 나타났다. 법률체계는 독립된 인격체로서의 여성이 아니라 가족의 일부로서의 여성, 특히 아내로서의 여성에 초점을 맞춰 만들어졌다. 여성은 여러 분야에서 남성의 의지와 지시에 종속되었다.[22] 시민적인 자유권은 때로는 제한되고 때로는 거부되었다.

자유와 평등, 그리고 "인권이 만천하에 선포"된 이후에도(히펠Th. G. v. Hippel), 즉 시민적인 법질서로 이행한 이후에도 … 여성의 동등한 권리는 처리되지 않은 채로 남아 있었다. 봉건사회가 해체되고 노동 및 경제 질서가 변화됨에 따라 전통적인 가부장제가 물적 토대와 지배적인 정당성을 상실하게 된 19세기 초반 이후 여성은 특별법에 종속되었다. 1804년의 나폴레옹 민법전은 일반적으로 시민적 입법의 모범으로 간주되지만 여성의 권리와 관련해서는 "중세적 가부장제의 특징들을 가장 순수하고 길게 간직하고"(마리안네 베버Marianne Weber) 있다. … 이런 특별법들이 일시적으로 없어진 것은 1900년의 독일 민법BGB에 이르러서였다. 그러나 이 민법이 총칙에서 인간의 보편적인 권리 능력을 마련해두었다 한들, 여성은 시행 세칙인 가족법에서 다시 "호주의 후견"에 종속되었다.[23]

따라서 새로운 성 역할은 이념의 차원에 국한되는 것이 아니라 매우 실질적인 토대를 지닌 것이었다. 이는 우연이 아니다. 왜냐하면 새로운 성 역할은 임의로 생겨난 것이 아니라 새로이 부상하는 산업사회의 토대에 속하는 것이기 때문이다. 남성과 여성의 양극화된 인생행로는 산업사회 내부의 건설 계획의 일부다.

'한 집안'의 해체와 더불어 개인이 중심을 차지하는 새로운 형태의 인생행로가 등장한다. 이런 인생행로는 생존 보장을 경제 공동체로서의 가족에서 떼어낸 대신 노동시장의 요구, 즉 생존 경쟁과 자기주장이라는 명령과 결부시킨다. 이제 생존의 토대를 이루는 것은 공동으로 수행하는 노동이 아니라 시장에서의 개인적인 성취가 된다. 새로운 인생행로는 업적과 규율, 목표 지향성과 관철 능력 같은 새로운 태도와 능력, 행동방식을 요구한다. 이는 미성숙 상태에서의 해방이라는 계몽의 요구, 그리고 자유와 평등이라는 시민적 권리와 결부되어 있다. 그것은 바로 우리가 '근대적'이라고 부르는 노동 및 삶의 형태로 남성에게 주어진 것이다.

그러나 어떤 사회도 노동시장의 법칙에 따라 자신의 생존을 보장할 수 있을 정도로 건강하고 성숙하며 관철 능력이 있는 인간들로만 이루어져 있지는 않다. 가족경제 속에서 함께 일할 수 있었던 아이와 노약자는 익명의 시장 법칙 아래에서 변방으로 밀려났다. 나아가 노동시장에서 일하는 사람들도 산업적 합리성이라는 독재에 들어맞지 않는 욕구를 끊임없이 억눌러야 했다. 따라서 산업사회의 등장과 동시에 보완적 형태의 또다른 인생행로가 필요해지는데, '근대화의 가혹함'을 완화시키는 것이야말로 그 임무라 할 수 있다. 이 인생행로는 시장이라는 조건에서 주변부로 밀려난 모든 인간적 욕구를 떠맡게 된다. 그것은 개인으로서의 성취에 맞춰 만들어진 것이 아니라, 오히려 뒤에서 지원하고 원기를 북돋아주며 격려하고 확인해주는 등 다른 사람들을 돌보는 일에 맞게 만들어진 것이다. 이것이 바로 여성에게 주어진 노동 및 삶의 형태다.

여성의 평범한 일대기를 이렇게 정의한다면 일견 전통적인 유물처럼 보일지도 모른다. 그러나 그런 이미지는 올바른 것이 아니다. 왜냐하면 여성에게 주어지는 임무는 상당 부분이 산업화 때문에, 그리고 산업적 합리성 속에 들어설 자리가 없는 욕구 및 활동을 분리시킴으로써 **새롭게 나타난 것**이기 때문이다. 부상하는 산업사회가 작동하기 위해서는 **두 가지**를 전제로 한다. 바로 노동시장의 삶과 타인을 돌보는 일, 즉

"자유로운 시장"과 "평화의 오아시스로서의 가족"이 그것이다.

여기에서 발생하는 딜레마를 해결하기 위해 남성과 여성에 대해 정반대되는 성적 특성이 구성되고, 그에 상응하는 "대조적 미덕들"(하버마스)이 만들어진다. "여성의 경우, 합리적 인격체를 발전시키려는 요구와 바람직하다고 간주되는 결혼이나 가족 관계를 조화시키는 일이 중요했다."[24] 분리될 수 없는 근대의 원칙, 그러니까 신분의 제약을 넘어선 개인의 자유와 평등은 그런 식으로 분리되어 출생에 따라 한쪽 성에게는 주어지고 다른 쪽 성에게는 주어지지 않았다.[25] 남성에게는 자기주장인 것이 여성에게는 자기포기가 된다. 다시 말해 "비동시적인 것의 동시성"(핀더Pinder)이 성 역할의 결정적 원칙이 되는 것이다.

아동의 발견과 의식적인 육아의 등장

오랫동안 관심의 대상이 되지 못했던 몇 가지 사실이 최근의 사회사적 연구로 우리 시야에 들어오게 되었다. 근대사회로의 이행과 더불어 성 역할의 변화 외에도 유년기의 역사에서 결정적인 전환이 이루어졌다는 사실이다. 아이의 발달에 영향을 미치려는 노력이 행해지면서 이때부터 "유년기의 발견"(아리에스Aries)이 시작된다. 이는 오랜 기간에 걸쳐 이루어진 과정으로, 처음에는 귀족에 의해 도입되었다가 그 후 점차 부르주아계급으로 확산되고 아주 서서히 하층 계급에까지 퍼지게 된다.

이런 과정은 18세기에 "본격적인 교육 캠페인"[26]이 도입되면서 시작되었다. 이와 관련한 수많은 논문이 발표되었는데 처음에는 철학자, 신학자, 의학자 들이 주된 필자였고 시간이 흐르자 교육학자와 심리학자들도 가세한다. 이때부터는 유년기를 무관심하게 보지 않고 진지하게 받아들여 상세하게 연구하며 토론하게 된다. 어린이는 점차 나름의 욕구와 권리를 지닌 독립적 인격체로 간주된다. 아리에스의 말처럼 "어린이의 특수성, 즉 성인은 물론 청소년과도 범주적으로 구분되는 특수성을 의식적으로 인식"[27]하게 된 것이다.

'개인으로서의 어린이'에 대한 관심이 커질수록 어린이의 발달에 대한 관심도 커졌다. 과거에는 쉴 새 없이 밀려드는 집안일과 들일 사이에 아이를 돌보는 일이 들어갔으나, 이제는 고유한 과제이자 가장 중요한 과제가 되었다. 의식적인 육아의 지침들이 등장하는 것이다. 어린이에 대한 새로운 입장에 따르면, 적절한 양육과 교육은 어린이의 건강한 성장에 필수적이며 어린이의 장래 전체를 위한 밑거름이 된다.

18세기와 19세기의 사회사를 살펴보면 특히 두 가지 조건이 교육에 대한 새로운 관심을 촉진시킨 것을 알 수 있다. 하나는 신분 사회가 시장 법칙에 의해 조종되는 산업사회로 이행한 것이다. 교육은 그 덕분에 점점 더 중요해졌는데, 지위가 단순하게 상속되지 않는 상황에서는 능력과 지식이 한층 중요해지기 때문이다. 지위가 하락하는 것을 막고 가능한 한 사회적 지위를 높이기 위해 학교교육과 직업교육을 전면에 내

세우는 교육적 노력이 아이에게 집중되었다.[28]

또다른 하나는 근대사회로 이행하는 동시에 세계에 대한 지배를 목표로 하는 진보의 믿음이 점점 더 확산된 것이다. 수많은 분야에서 이론적이고 실천적인 지식을 가진 전문가들이 자연의 정복을 재촉한다. 의학만이 아니라 심리학도 이런 진보를 목표로 함에 따라, 인간의 본성 역시 점차 "만들 수 있고" 영향을 미칠 수 있으며 개선할 수 있는 것으로 보게 되었다. 어린이에 대해 큰 관심이 싹트게 되는 것은 자명한 결과다. 어린이는 아직 인생의 출발점에 있으므로 모든 것이 열려 있고 가변적이다. 새로운 세계관이 어떻든 간에, 어린이란 원하는 발전은 장려하고 그렇지 못한 것은 저지하는 식으로 영향력을 행사하기 가장 이상적인 '활동 영역'으로 여겨지게 된다.

이런 배경에서 기초적인 양육이 전부였던 과거와는 달리 18세기와 19세기에는 어린이에게 목적의식적으로 영향을 미치려는 단계가 시작되었다. 제일 먼저 건강상의 위험과 유해한 환경에서 아이를 보호하려는 노력이 나타났다. 의사들은 어린아이에게 적절하게 먹이고 입히라고 조언하며, 의학적인 예방조치를 취하고 위생을 개선하라고 경고한다. 이런 조언을 따를 경우, 분명 어린이의 생존 가능성을 개선할 수 있었다.[29] 역사서에는 거의 기록되어 있지 않지만, 이런 조처들은 또다른 결과도 초래했다. 어린이와 관련된 문화적 측면의 노동비용이 늘어난 것이다. 이는 다시 노동의 인적 고용에 영향을 미쳤다. 아이를 돌보는 일에 세심함이 많이 요구될수록 아무에게나 아이를 맡길 수 없게 되기 때문이다. 그럴수록 아이를 돌보는 일은 외견상 자연적으로 아이에게 가장 가까운 것처럼 보이는 사람, 점점 더 책임이 있는 것으로 규정되는 어머니에게 집중된다.

1794년에 출간된 어린이의 육체적·정신적 건강을 위한 의학 지침서는 새로운 방향 전환을 보여주는 전형적인 예다.

의지할 데 없는 어린아이에게 가장 필요한 것은 무엇일까? 어머니의 사랑과 세심함이다. 이런 어머니의 사랑과 세심함이 다른 사람에 의해 대체될 수 있을까? 아니다. 어떤 것도 어머니의 사랑에 필적할 수 없다. 왜 어린아이는 어머니의 사랑과 세심함을 필요로 할까? 어린아이를 보살피는 일은 매우 힘이 들며 어린아이에게는 애정 어린 돌봄이 필요한데 오직 어머니만이 기꺼이 그런 일을 할 수 있기 때문이다.[30]

더 나아가 어린아이의 정신적이고 도덕적인 발달 또한 조종하려 하는데, 여기서는 계몽주의 철학에서 출발한 다음과 같은 교육관이 중요한 역할을 한다. "교육을 통해서만 인간이 될 수 있다. 인간은 교육에 의해 만들어진 것이나 다름없다"(칸트). 이런 원칙이 문화적 이상이 됨에 따라 교육의 과제도 더욱 커진다. 어린아이의 사회 학습, 언어와 교육, 도덕과 영혼의 구제 모두가 의무가 되고, 이는 아이들을 위한 노동을 증가시킨다. "양도할 수 없는 권리를 가진 주체로서 인간을 존중하며, 모든 인간을 하나의 개인, 즉 독립적으로 사유하고 판단 능력이 있는 존재로 보려는 계몽 철학의 요구가 이제 어린이에게도 적용되었다. 바꾸어 말하자면, 아이에게 그런 권리를 주거나 최소한 장래에 가질 수 있도록 하는 것이 부모의 임무가 되었다."[31] **의식적인 교육노동의 시대가 새롭게 시작된 것이다.**

이 같은 새로운 교육 이상은 처음부터 이중의 뿌리를 가졌다. 계몽주의의 이상을 이루는 교육관을 근거로 하고 있는 한편, 교육을 통해 사회적 지위를 확보하려는 유동적인 사회의 강요에도 근거하고 있는 것이다. 이처럼 교육은 늘 양면성을 지니게 된다. 그것은 아이에 대한 뒷받침일 뿐만 아니라 일찍부터 성과에 대한 압박을 가하는 것이기도 하다.[32] 1783년에 출판된 육아 지침서에 실린 지침들을 예로 살펴보자.

사람들은 젖먹이와 노는 것을 좋아한다. 그러나 이런 장난을 좀더 유익한 것으로 만들 수도 있을 것이다. ⋯ 어째서 어머니들은 떠오르는 대로 아이들의 관심을 이끌 뿐, 순서에 따라 사물에 관심을 기울이도록 이끌지 않는가? 어째서 아이들을 손으로 이끌어 순서대로 무언가를 만지고 밀치고 당기고 잡고 쥐고 놓도록 가르치지 않는가? "만져봐, 밀어내, 끌어당겨, 붙잡아, 가지고 있어, 던져봐!" 등의 짧은 단어를 가지고 말이다. 이것은 아이들이 일찍 신체적으로 능숙해지도록 만드는 자연스러운 방법이 아닌가? ⋯ 간단히 말해 젖먹이 또는 어린아이들과 하는 모든 놀이와 장난은 의도적으로 대상과 이름에 대한 지식을, 그리고 언어 성분과 신체의 다른 부분에 대한 연습을 목표로 해야 한다(바제도Basedow, 1783).[33]

이처럼 당시의 교육학 텍스트들을 보면 어린이에 대한 이해가 증가한 측면과 동시에 다른 측면도 나타난다. 그것은 최근의 사회사적 연구들이 "암흑의 교육학"(루츠키, 1977[카타리나 루츠키Katharina Rutschky가 펴낸 책 제목에서 비롯된 용어로 계몽을 빙자한 시민사회의 교육이 실제로는 반계몽적이고 비이성적으로 이루어졌음을 비판한 개념—옮긴이])이라 일컫는 것으로, 여기에서 말하는 학습이란 조기 훈련을 의미하며 어린이에게 성과, 노동 윤리, 규칙성 같은 핵심 개념에 따라 산업사회의 미덕을 습득하게 하는 것이다. 이런 시도는 이미 18세기 후반부터 등장했다. 아이가 맨 처음 소리를 내고 바라보고 움켜쥐는 것까지도 의식적으로 조종하며 가능한 한 빨리 완벽하게 만들려는 학습 목표를 제시하는 교육학적 전통이 이때부터 시작된 것이다. 이 모든 것은 '자연의 흐름'을 따르기만 하면 저절로 행해지는 것이 아니며 의식적인 인간의 행동을 요구한다. 이렇게 볼 때 계몽이라는 의미에서의 교육과 아주 어린 시기부터 성취에 대해 압박하는 당시 교육의 양 측면은 매우 비슷한 방향으로 작용한다. 두 측면 모두 교육자의 개입을 요구하며 아이를 위한 노동을 증가시키는 것이다.

어머니 역할의 승격

오, 그 생각을 다이아몬드로 만든 방패처럼 그대의 가슴에 두르시오. 나는
어머니로 태어났다는 생각을 말이오! 그리고 다른 모든 생각, 다른 모든 소
망은 이 꿰뚫을 수 없는 갑옷에서 멀리 물러서도록 … 그대의 가장 성스러
운 노력을 그리로 기울이시오! 그것이 세상이 그대에게 언젠가 감사할 수
있는 유일한 것이라오(클라이스트가 약혼녀에게 보낸 편지).[34]

'한 집안'의 해체와 더불어 시작된 발전은 남성이 아이에게서 점점
더 멀어지는 결과를 초래했다. 과거에도 아이를 돌보는 일은 여성의 일
이었지만 경신敬神과 복종을 교육하는 책임은 포괄적인 의미의 '가장'이
라는 점에서 아버지에게 있었다. 그러나 이제 남성은 매일 많은 시간을
가족과 떨어져서 보내기 때문에 어머니가 아이와 관련된 모든 일의 중
심이 된다.[35] 이와 함께 과거와는 달리 어머니를 직접 겨냥하여 교육의
온갖 세세한 부분까지 조언하는 안내서가 수없이 등장한다. 새로 등장
하는 정형화된 성 역할의 형태 역시 여성을 아동 교육에 지극히 적합한
존재로 규정한다. 대개는 여성이 "본성적으로" 섬세하고 희생적이라는
이유를 드는데, 때로는 여성이 미성숙한 것처럼 보이므로 어린이에게
더 가깝다는 이유를 들기도 했다.

여자는 천명에 따라 제때 헌신하는 것을 배울지니 …

어떤 길도 자신에게 너무 고된 길은 없다는 것 …

자기를 완전히 잊고 타인 속에서만 살아가는 일에 익숙해질 때 여자에게 복이 있나니!

갓난아기는 앓고 있는 여자를 깨우고 허약한 여자에게 젖을 달라고 하며,

아기는 그렇게 고통스러울 정도로 돌보고 또 돌봐야 하니,

여자는 어머니로서 참으로 온갖 미덕을 필요로 하기 때문이다.

남자 스무 명이 뭉쳐도 이 같은 고통을 견디지 못하리라(괴테,《헤르만과 도로테아Hermann und Dorothea》).[36]

최초의 유년기에 유모와 보모로 적합한 이는 여자들인데, 바로 그들 자신이 유치하고 어린애 같으며 근시안적이기 때문이다. 한마디로 말해 일생 동안 여자는 아이와 본연의 인간인 남자 사이에 있는 일종의 중간 단계인 큰 아이다"(쇼펜하우어, 1851).[37]

어머니 역할은 점점 더 "여성의 가장 고유한 것"[38]으로 간주되어 여성 운동 지침서에까지 이렇게 표현되었다. 이런 표현의 핵심은 철학과 교육학, 문학과 정치권에서 나온 수많은 비슷한 언급들에서도 전형적으로 나타난다. 새로운 전개 방향은 다음과 같이 될 수밖에 없다. **이제부터 여성은 본질적으로 (때로는 오로지) 모성을 바탕으로 정의된다.** 여성의 소망과

희망, 기쁨과 고통, 생각과 행동 등 모든 것은 아이라는 한 가지에 맞춰야 하는 것이다.

발자크의 《두 여자Zwei Frauen》에 나오는 문장을 몇 개 들어보자. "나는 그때 내가 어머니가 되기 위해 태어났다고 느꼈어요." "세상 다른 어떤 것도 우리의 관심을 끌지 못해요 … 우리만이 아이를 위한 세상이지요. 아이만이 우리의 세상인 것처럼 말이에요." "내 영혼 속에는 아이들을 위한 공간 말고는 어떤 공간도 없어요." "어머니가 아닌 여성은 그 본성이 불완전하며 잘못되어 있는 것입니다." "아이가 없는 여성이란 기형적인 존재예요. 우리는 오로지 어머니가 되기 위해 창조됐지요." 그리고 마지막으로, 아이들은 "내 인생의 전부랍니다".[39]

19세기의 수많은 의학 이론 역시 새로운 경향을 반영하고 있다. 이 의학 이론들은 남성과 여성의 상반성에 대한 믿음에다 그 시대의 전형적인 근대적 형태, 즉 자연과학적 형태를 부여했다. 그 이론에 따르면 남성적/여성적 본질은 성적 기관에서 직접적으로 유래한다. 때로는 한 걸음 더 나아가 난소와 자궁이 여성의 모든 것을 지배하는 중심이 된다. 난소와 자궁에서 건강과 병이 파생되며, 나아가 인성 전체, 모든 "여성적" 능력과 속성이 파생된다는 것이다. 이는 보는 시각에 따라 재능과 장점이 되기도 하고 오류와 결핍이 되기도 한다. 한 문장으로 요약하면 "여성이 여성인 것은 … 오직 자궁 때문이다".[40]

난소는 "여성의 체계를 움직이는 가장 강력한 힘이다. … 사회에서 여성의 지적 위치, 육체적 완벽함, 그리고 이 섬세하고 예민한 윤곽에 아름다움을 부여하는 모든 것, … 위대하고 고귀하며 아름다운 모든 것, 감각적이며 부드럽고 사랑스러운 모든 것이 난소에서 기인한다. … 여성의 신의, 헌신, 끊임없는 각성과 선견지명 등 존경과 사랑을 불러일으키는 모든 정신의 속성과 기질 … 이 모든 것은 난소에 기원을 두고 있다(닥터 블리스Dr. Bliss, 1870).[41]

많은 저술들이 어린 소녀의 교육을 오로지 "출산 기능"의 관점에서만 고찰하는 것은 당연한 귀결이다. 그들은 위험하고 해로운 것처럼 보이는 것에 대해 소녀들에게 집요하게 경고한다. "과도한" 향락과 육체적 활동은 물론, 장기간의 학교교육과 독서, 그리고 정신적 자극은 더욱 해로운 것이 된다.[42]

어머니의 사명을 다하는 여성이 되려면 남성적인 뇌를 가져서는 안 된다. … 여성에게는 '건강하고 어리석은' 것 외에 아무것도 요구해서는 안 된다고 누군가 말한 적이 있다. 좀 거칠게 표현했지만 역설 속에 진리가 있다. 과도한 뇌 활동은 여성을 불구로 만들 뿐만 아니라 병들게 한다. … 근대의 어리석은 여자들은 나쁜 산모이자 나쁜 어머니다. '문명'이 성장할수록 생식력은 떨어지고, 학교가 좋아질수록 젖의 분비는 줄어든다. 간단히 말해 여성들은 점점 더 쓸모없어진다. … 그러면 무엇을 해야 하는가? 제일 먼저 어머니로서 여성에게 해로운 것을 모두 중단해야 한다. 무엇보다도 소녀의 교육이 그에 해당한다. … 가장 좋은 것은 '상급 학교'를 모조리 없애버리는 일일 것이다. 학교의 성과는 미미한 반면, 학교의 나쁜 점은 소녀들의 신경이 예민해지고 허약해지는 등 셀 수 없이 많다. … 여성을 지적 추구에서 보호할지어다"(라이프치히의 신경과 의사 파울 뫼비우스Paul Möbius, 1901).[43]

이렇게 어머니를 존중하는 태도에서 이내 새로운 숭배도 나타나는데, 모성 이데올로기로 이어지는 모성 신화가 바로 그것이다. 이는 18세기에 시작되어 19세기에 번성했으며 20세기에도 계속되어 교육서와 문학 작품만이 아니라 그 밖의 예술까지 스며든다. 모성은 노래로 찬미되고 시로 지어지며 수많은 그림으로 그려지는데, 예술가의 기분에 따라 어떤 때는 비극적이고 장엄하게, 어떤 때는 낭만적이고 감상적으로 묘사된다. 모성은 찬미되고 미화되며 격정적으로 숭앙된다. 특히 모성의 기쁨은 여러 목소리와 다양한 착상으로 무대에 오른다. 그와 동시에 고통의 신화도 등장한다. 예컨대 마테르 돌로로사Mater dolorosa(예수의 수난을 애통하는 성모 마리아—옮긴이), 즉 고통에 가득 찬 여인이라는 이미지가 정립된 것이다. 이렇게 기쁨과 고통이 독특하게 섞여 있는 이미지에서 그 시대의 특징적인 어머니상이 등장한다. **모성을 위한 자아의 포기가 여성의 지고의 행복이라는 상 말이다.**

그녀는 아이를 가슴에 안고서 흔들어 재운다.

아이는 순수한 사랑의 열로 따뜻해지고,

그녀의 고통이라는 빵으로 배를 채우고,

성스럽게 넘쳐흐르는 그녀의 눈물로 목을 적시며 잠잔다(클레멘스 브렌타
노Clemens Brentano).[44]

여성이 [살아 숨 쉬는 것은] 단지 어머니가 될 수 있다는 영광을 얻기 위해,
또는 어머니였다는 영예를 얻기 위해 고통으로 속죄하기 위해서일 뿐이다.
… 여성은 이루 말할 수 없는 긴 고통 속에서 자연이 그들에게 맡긴 것을 되
돌려 주고 새로운 존재를 세상에 내보낸다. 그리고 병에 걸린 채 꽃이 뿌려
진 가시밭길을 끝마친다. 여성은 고통 속에서 길러짐으로써 … 흔들리지 않
는 인내심을 … 얻게 되는 것이다(롤랑Roland, 1777).[45]

그렇다면 격정과 호소와 안내서의 이면에서 실제 어머니와 아이의
관계는 어떻게 변화되었을까? 과거의 습관과 관습은 얼마나 오랫동안
유지되는가? 그렇게 수없이 묘사된 "이상적 어머니"가 일상적 교육을
특징짓는 주도적 이미지가 되는 것은 언제인가? 이런 문제는 자명한
것 같으면서도 어렵다. 왜냐하면 그 여성들은 오늘날보다 훨씬 더 생활
환경에 따라, 특히 신분에 따라 나뉘어 있기 때문이다. 부르주아나 농
민의 부인이 있는가 하면 노동자의 부인이 있고 또 귀족의 부인이 있

다. 그들은 삶의 상황에 따라 각각 다른 가능성과 욕구, 그리고 제약을 안고 있으며, 이는 아이와 맺는 관계에 영향을 미친다.

먼저, 약간의 하인을 두고 시장을 통해 집안 살림을 꾸려가는 상류 부르주아계급의 여성들을 보자. 이들은 농장이나 가내공장에서 일하면서 겪게 되는 근심과 고통에서 자유롭다. 그러나 동시에 이런 노동을 통해 얻는 경험을 가지지는 못한다. 그 경험이란 자신의 능력을 평가하고 성취를 경험하며 인간과 가축, 자연과의 활발한 교류 속에서 '자신이 쓸모 있다'는 초보적인 느낌을 얻는 것을 말한다. 또한 한 집안이 해체됨으로써 자유의 공간이 탄생하는데, 이것은 비어 있는 공간이기도 하다. 부르주아 여성의 역할 반경이 그토록 협소하다면 무엇으로 그 빈 공간을 채울 수 있겠는가? 일상에 더 많은 의미와 근거, 몰두와 만족을 주는 것은 '어머니 역할'뿐이다. 이제 '어머니 역할'은 전문적이고 미래 지향적이며 모든 능력을 발휘할 것을 요구하는 사명으로 정의된다. 따라서 (새롭고 포괄적인 의미에서의) '어머니 역할'에 대한 호소가 제일 먼저 부르주아계급의 여성에게서 확산되는 것은 놀라운 일이 아니다.[46]

그러나 18~19세기에 들어서면 교육의 임무에 헌신하는 것과는 다른 일을 하거나 또 하려는 여성들도 많이 있었다. 사교적인 의무와 오락에 전념하는 귀족계급과 대부르주아 상층 계급의 여성들이 그러했다. 다음으로는 끊임없이 가업을 위한 고된 노동에 얽매인 농민 계층의 여성이 있으며, 마지막으로 하루하루 먹고살기 위해 공장이나 가내공장 또는 남의 집에서 일하지 않을 수 없는 노동계급의 여성이 있었다. 이런 집단들에서는 그들의 생활 조건과 동기가 아무리 상이하다 해도 부르주아 중간층 여성들의 경우와는 분명히 다른 전개가 이어진다.[47] 전문가들이 열성적으로 선언하고 부르주아적 시대정신에서 '자연스럽게' 보이는 새로운 어머니 역할이 이들 계층에서는 상당한 저항에 부딪친다. 이들에게 새로운 어머니 역할은 머뭇거리며 뒤늦게, 그리고 결코 유일하거나 전적인 것도 아닌 여성적 삶의 모델이었다.

삶의 목표이자 사명인 어머니

중간층과 상층 부르주아계급에서, 그리고 부분적으로 다른 계층에서도 어머니와 자식 관계의 비중이 점점 커진다면 여성이 영위하는 삶의 기회에서 이것은 어떤 의미를 가질까? 어머니 역할에 대한 새로운 정의는 일대기에 어떤 결과를 미치며 인성에는 어떤 영향을 줄까?

이에 대한 답은 생각보다 훨씬 더 복잡하다. 어머니 역할의 부상은 여성이 생산활동에서 배제되는 것과 함께 나타나는데, 이는 여성의 삶에 모순적인 결과를 가져온다. **새로운 부담이 되는 동시에 새로운 보상을 가져다주기도 하는 것이다.** 어떤 측면이 더 큰 무게를 지니는지는 여성의 생활 조건에 달려 있지만, 또한 보는 사람의 시각이나 학문적 입장 또는 정치적 이해에 따라 달라지기도 한다. 바로 이런 사실에서 흥미진진하고 다의적으로 해석할 수 있는 상황이 도출되는데, 이는 어머니 역할을 둘러싸고 언론과 학계, 정치권에서 남성과 여성 사이에, 그리고 여성 자신들 사이에서도 격렬한 논쟁이 불붙는 소지가 된다. 지금부터 갈등을 불러일으키게 되는 양 측면을 고찰해보자.

앞에서 말했듯이 과거에는 어린이의 본성에 유익한 것이 무엇인지에 별로 관심이 없었다. 그 시절 첫째 관심사는 미룰 수 없는 집안일과 농장 일이었고, 그 결과 많은 아이들이 오래 살지 못했다. 그러나 아이가 중심이 되고 유명한 남성들이 어린이 교육에 관심을 가지며 의학, 교육학, 나중에는 심리학까지도 어린이의 발달을 연구하게 되자, 과거 기초적인 보살핌에 불과했던 육아는 돈이 많이 드는 노동이 되었다. 이는 분명 어린이의 생존율을 높이는 데 기여했으나 그 대신 아이를 담당하는 사람에게 과거보다 훨씬 많은 노력과 시간과 관심, 세심함과 진지함을 요구했다. 아이를 담당하는 사람은 이제 어머니가 되었고, 어머니는 아이의 발달에 따른 요구 사항(또는 전문가들이 요구 사항이라고 정한 것)에 종속되었다. 요점은 아이의 생존 가능성이 어머니의 희생으로 얻어진다는 것이다.

다시 발자크의 《두 여자》에 나오는 문장을 들여다보자. "아이들은 내게 신이에요." "나는 노예, 밤낮 없는 노예라고요! … 더이상 나 자신을 돌볼 시간이 없어요!" "제대로 된 어머니는 결코 자유롭지 않지요." "아기가 소리를 지르거나 몸을 더럽히면 다른 모든 일은 잊히지요. 어머니는 자신을 생각하지 않고 완전히 그 일에 매달려야 해요. … 이렇게 끊임없이 아이를 돌보는 와중에 집 안에서 단 한 사람만이 완전히 잊히고 마는데, 그게 바로 저예요."[48]

이처럼 여성의 삶은 교육에 봉사하는 것이 되었다. 새로 등장하는 부르주아 사회에서 여성에게 요구되는 종속은 자유와 평등이라는 부르주아적 원칙과는 모순되지만 '본성'에 의해, 그리고 어머니 역할에 의해 정당화된다. 어머니 노릇은 **남성과 여성의 삶의 가능성 사이에 존재하는 차이를 고착시킨다.** 남성에게는 시장이 요구하는 독립성이, 여성에게는 육아가 요구하는 자아 포기가 삶의 가능성이 되는 것이다. 이렇게 볼 때 "고통에 가득 찬 어머니"를 내세우는 고통의 숭배는 실제로 근거가 있다. 모든 관심이 아이에게 기운다면 여성에게는 자신의 것이 남아 있지 않게 되기 때문이다. 이때 어머니 노릇은 이중적 의미에서 여성 삶의 과제가 된다. 한편으로는 여성의 "타고난" 본성을 완성하는 것이고, 다른 한편으로는 한 조각 내 인생에 대한 주장을 포기하는 것이다.

그러나 이것은 새로운 경향의 한 가지 측면만을 개략적으로 설명한 것에 불과하다. 좀더 정확하게 바라본다면 새로운 부담 외에 새로운 보상, 즉 **가정이라는 틀 안에서 새로운 기회** 또한 생긴다는 사실을 알 수 있다. 어머니 역할이 부상하는 동시에 어머니 역할의 권위에 대한 평가절상도 시작되었기 때문이다.[49]

1785년 베를린 학술원은 아버지 권위의 토대와 한계, 그리고 어머니 권리와 아버지 권리를 주제로 한 논문을 현상 공모한다. 상을 받은 답

변 중에서 《방법적 백과사전Encyclopédie méthodique》의 저자인 푀셰Peuchet는
어머니 권력의 평가절상을 다음과 같이 분명하게 변호하고 있다.

부모가 자기 자식에게 행사하는 권력의 근거가 … 본질적으로 이 사랑스러
운 존재의 행복과 양육을 위해 주의를 기울이는 의무에서 기인하는 것이라
면, 자식에 대한 의무를 이행하는 것과 더불어 이런 권력이 커진다는 사실
은 의심할 여지가 없다. 여성은 아이의 어머니이며 유모이자 보호자로서 남
성들이 알지 못하는 의무를 행하기 때문에 자식에게 복종을 요구할 특수한
권리를 가진다. 여성이 자식의 복종에 대해 아버지보다 진정한 권리를 가져
야 하는 근거는 여성이 이런 권리를 더 필요로 한다는 사실이다.[50]

나아가 여성에게 교육 임무가 주어지면서 여성은 새로운 역량을 인
정받게 되며 처음으로 교육을 받을 수 있게 된다. 교육 자체를 목적으
로 한 요구는 여전히 거부되었지만, 아이들의 적절한 교육을 보장하기
위해 여성에게 특정한 교양 교육이 바람직하다는 생각이 차츰 생겨났
던 것이다.

아이 교육처럼 높이 평가되는 임무를 맡을 권리와 능력이 도덕적으로 여성
에게 주어졌다면, 교육과 학문이 중요하게 부각되기 시작한 오늘날 아이 교
육은 여성의 개인화와 결혼의 민주화를 향한 일보를 의미하기도 한다. …

여성의 성적 특성에 대한 정의에 따르면, 여성은 방법적·합리적 행동을 할 능력이 없다고 간주되었다. 그러나 이제 의사들이 간곡히 권고하는 아이와의 교류를 위해 남성에게만 적합한 것으로 보였던 능력이 원칙적으로 여성에게도 요구된다. 여성들이 교육학 서적이나 의학 서적을 읽게 됨에 따라 미미한 정도이기는 하지만 여태까지는 여성의 참여가 배제되었던 정신적 자산에 참여하는 것이 사회적으로 인정되었다.[51]

따라서 우리는 당시 여성들이 자신을 새로운 어머니 이상의 희생자라고 느꼈으리라고 가정해서는 안 될 것이다. 그것은 너무 단순한 해석이며 그 시대의 조건과 제약을 인식하지 못하고 현재의 척도에 따라 판단한 것이기 때문이다. 그보다는 당시 여성의 삶의 영역이 다른 가능성, 이른바 '나만의' 가능성은 거의 제공하지 않았다는 사실, 그리고 어린 소녀가 자신의 생각과 소망과 주장을 발전시키는 것이 거의 허용되지 않았다는 사실을 제일 먼저 알아야 할 것이다. 이처럼 애초에 기대가 제한되어 있었다는 사실을 전제해야 어째서 수많은 여성들이 새로운 교육의 임무라는 것에서 만족감을, 경우에 따라서는 성취감까지도 발견했는지 이해할 수 있을 것이다.

4장

제1차 출생률 감소

19세기 말의 여성과 어머니

헬머: 당신은 무엇보다도 아내이자 어머니요.

노라: 난 더이상 그렇게 생각하지 않아요. 나는 그 무엇보다도 인간이라고 생각해요. 당신과 마찬가지로요. … 아니, 그렇게 되려고 노력할 거예요(입센,《인형의 집Et Dukkehjem》).[1]

여성의 삶에 나타난 변화

19세기 말까지도 여전히 여성의 이상이자 삶의 목표는 가족을 위한 삶이었다. 그러나 이상과 현실 사이의 균열은 점점 더 커져만 갔다. 하층 계급에서 보자면 부르주아적 역할 모델이란 애초부터 도달할 수 없는 것이었다. 남성의 임금으로는 가족의 생계를 충당할 수 없기 때문이다. 따라서 여성과 아이들도 돈을 벌어야 했다. 더욱이 장성한 딸들은 사적인 영역만을 담당하고 있을 수 없고, 매우 다양한 형태로 밥벌이에 기여해야 했다. 이 경우에는 여성이 자기 노동으로 돈을 번다는 사실이 새로운 것이 아니라 어떻게 돈을 버느냐가 새로운 것이었다. 산업화 과정이 폭넓게 진전될수록, 즉 사회의 근본적인 생산 형태가 변화할수록 여성은 집 밖의 생업 형태에 더 많이 참여하게 된다. 거칠게 요약한다면, 가내수공업이든 가내노동이든 농업에서 공장과 사무실과 상업으로 변화되는 것은 마찬가지다.[2]

그러나 중간 부르주아와 상층 부르주아계급에서도 변화가 나타난다. 가정이 자가 생산의 장소에서 소비의 장소로 변한 것이다. 전에는 직접 생산했던 생필품들을 이제는 시장에서 구입하는 일이 많아졌다. 그 결과 미혼 여성들은 가정에서의 일거리가 점점 줄어들고, 이에 따라 여성에게 서서히 최초의 직업적 기회가 열린다. 처음에 사적인 가정 살림의 테두리 안에서(집사, 보모, 가정교사 등) 이루어지던 구직이 나중에는 시장을 매개로 이루어진다. 그래도 여전히 가정과 가까운 형태로, 주로 사회봉사직 분야(유치원 보모, 교사, 간호사 등)에 국한된다. 단순히 물질적인 압박 때문에 이런 발전이 촉진된 것은 아니다. 부유한 가정의 많은 여성들이 직업을 가지도록 내몬 것은 "정신적 궁핍",[3] 즉 자기 일이 없는 삶에 대한 불만이었다.

남성이 인생의 동반자가 없다고, 즉 가정을 이루지 못했다는 이유로 인간 사회에서 쓸모없는 구성원으로 간주되지 않는 것처럼 … 소녀에게도 똑같은 권리가 주어져야 한다. 독신으로 남으려 하거나 독신으로 남을 수밖에 없는 여성도 똑같이 존중되어야 하는 것이다. 이들 역시 자기 인생에 내용을 부여하고 생존을 보장하며 인간 사회에서 쓸모 있는 구성원이 되는 활동 영역을 추구할 수 있어야 한다. … 우리는 이들 역시 독립성과 쓸모 있는 활동 영역을 획득할 수 있다는 사실, 그리고 자신에게 결혼이라는 행복이 주어지지 않는 경우에도 인생에서 실패했다고 탄식할 필요가 없다는 사실을 보여주어야 한다(루이제 오토 페터스Louise Otto-Peters, 〈직업에 대한 여성의 권리Das Recht der Frauen auf Erwerb〉, 1866).[4]

나비 같은 나이에서 비참하고 공허한 노처녀의 나이로 넘어가는 '양갓집' 규수와 과부, 그리고 아직 아이가 교육 연령에 도달하지 않은 여성은 모두 가정에서 할 일이 별로 없기 때문에 육체적 자기보존이 아니더라도 정신적 자기보존을 위해 직업을 필요로 한다(빌브란트Wilbrandt, 《여성운동 편람 Handbuch der Frauenbewegung》, 1902).[5]

이처럼 집 밖의 직업활동이라는 새로운 형태가 나타남에 따라 여성의 삶은 변화되기 시작한다. 가정에 매여 있던 삶의 한 귀퉁이가 활짝 열리며 새로운 삶의 가능성이 생긴 것이다. 여기에서 새로운 자유의 공간이 나타나리라는 것은 의심할 여지가 없다.

진작부터 생계를 위해 돈을 벌어야 했던 하층 계급 여성들부터 시작해보자. 이들은 19세기가 한참 지나서도 여전히 폭넓은 통제를 받고 있었다. 부모 집에서 살거나 엄격한 규칙을 지닌 공동숙소, 또는 고용주의 집에서 살았기 때문이다. 이런 상황은 19세기 말 교통 및 통신이 확대되고 지리적 이동이 증가하여 새로운 직업 분야가 생겨나면서 달라진다. 어차피 돈벌이를 해야 하는 상황이라면 젊은 여성들은 독립성을 더 많이 얻을 수 있는 일을 가지려 한다. 물론 이런 소망은 집단에 따라 상이한 형태로 나타난다. 도시 처녀들은 점점 남의집살이를 그만두고 공장으로 옮겨가거나 상점, 세탁소, 사무실에서 새로운 일자리를 찾는다. 당시 이를 관찰한 연구자의 말에 따르면, 이들의 동기는 가사노동과 결부된 협소한 인적 종속에 대한 거부이며 이들이 동경하는 것은 "자유라는 단어가 지닌 온갖 뉘앙스 속에 들어 있는 그 어떤 것"이다.[6] 시골이나 소도시 처녀들은 도시 처녀들과 상황이 다르지만 그 방향은 비슷하다. 이들은 고향의 협소함과 통제에서 벗어나려고 한다. 더 넓고 다양한 세계에 대한 동경에 이끌려 대도시로 흘러드는 것이다.

1885년에 빈으로 갔던 요제피네 요크슈Josefine Joksch의 회고록은 이런 상황을 보여주는 전형적인 사례다.

보모 일을 얻기 위해 생애 최초의 여행을 감행한 것은 어느 흐린 겨울날이

었다. 나는 즐거운 마음으로 집을 떠났다. … 빈은 오래전부터 내가 동경해
온 목표였다.

오직 황제의 도시만이 있을 뿐,

오직 빈만이 있을 뿐!

그곳은 분명 화려하겠지.

그곳으로 나는 가야 하네!

나는 아주 어렸을 때부터 이미 이렇게 노래를 불렀고, 자라면서 그 동경은
점점 커지고 갈망은 불타올랐다. 객차 구석에 꽁꽁 언 채로 앉아 어스름한
겨울 아침을 내다보며 나는 고향에서 그런 겨울날이 얼마나 황량하고 지루
했던가, 그리고 그 영원한 단조로움에서 빠져나오다니 얼마나 멋진 일인가
하고 생각했다.[7]

따라서 집 밖의 직장생활은 외부 세계에 대한 선택의 기회를 열어줄
뿐만 아니라 부모와 딸 사이에도 영향을 미쳤다. 경제적 독립은 가족의
통제에서 자유로워지거나 발언권을 가지게 해주는 등 가족 내부에서
더 많은 자유를 누릴 수 있게 해준다.

처녀가 일을 시작하자마자 가족 관계가 변화했다. 딸들은 가족의 통제에서
과거보다 더 자유로워졌다. 다른 장소에서 일한다는 것, 그리고 자신이 직접
돈을 번다는 것, 작은 공동체 대신 도시에서 산다는 것, 이 모든 상황이 하

층 계급 딸들의 자율성을 확대시켰다. 처녀가 계속 부모 집에 사는 경우에도 가족 관계는 변할 수 있었다. 스스로 돈을 버는 처녀는 돈에 대해 알고 돈으로 무엇을 살 수 있는지를 알았다. 처녀는 자신의 벌이와 지식으로 가족의 결정에 한몫할 수 있었으며, 자신의 벌이가 가족 수입의 한 부분을 차지하기 때문에 그 수입을 사용하는 데에서 발언권을 얻었다.[8]

직업활동은 중간층 여성에게도 때로는 비슷한 형태로, 때로는 다른 형태로 새로운 자유와 선택 가능성을 열어준다. 이들 역시 직접 돈을 벌면서부터 가족에 대한 의존도가 줄어들고 자신의 주장과 권리를 더 많이 관철시킬 수 있게 된다. 중간층에서 "이 본질적 형태의 권력"(호르크하이머), 즉 돈은 오랫동안 가족 부양자의 특권이었다. 따라서 돈은 남성에게 당연하고도 익숙한 것이지만 여성에게는 새로운 경험이다. 그것은 아직 낡아빠진 관습이 되지 않았기 때문에 특히 희망적이었다. 작가인 샬럿 퍼킨스 길먼Charlotte Perkins Gilman은 단편 소설에서 이런 상황을 간결한 문장 몇 개로 묘사한 바 있는데, 흥미롭게도 그 소설의 제목은 〈만약 내가 남자라면If I Were a Man〉이다.

그녀는 자기 인생에서 아직 느껴보지 못했던 것을 느끼는 순간 가슴 깊이 힘과 자부심을 느꼈다. 그것은 돈, 자신이 직접 번 돈을 마음대로 할 수 있다는 느낌이었다. 그 돈을 써버릴 수도 있고 저축할 수도 있었다. 구걸하거나

지껄이거나 아첨할 필요가 없는 그녀의 돈이었다.[9]

집 밖의 직업활동은 새로운 자유와 연결되기도 하지만 새로운 위험
과 종속, 압박과도 연결된다. 생존 보장은 냉혹한 시장의 법칙과 결부
되기 때문이다. 비참한 노동조건은 물론이고 일자리를 잃을 경우에는
사회적 안전장치가 없는 상황에 노출된다. 19세기 말 농가의 하녀가 처
한 상황을 다룬 연구를 예로 들어보자.

> 일자리를 잃은 하녀는 … 마을에서 어느 정도 제공해주던 안정된 형태의 사
> 회적 통제와 책임에서 배제되며 이방인의 범주로 떨어졌다. 이 집 저 집으
> 로 다니며 하녀 노릇을 하는 생활은 한 집단의 일원과 이방인의 경계에 놓
> 인 삶을 의미한다. 고용과 해고의 규칙이 지켜지지 않을 경우 하녀들은 순
> 식간에 이방인, 국외자, 반사회적 인물의 영역으로 떨어진다. 하녀에 대한
> 처벌 목록은 구걸, 방랑, 도둑질로 받은 처벌들을 기록하고 있는데, 이는 하
> 녀들이 얼마나 힘든 상황에 처했는지를 보여준다.[10]

처음에는 폭넓은 가능성 때문에 매우 희망적으로 보였던 대도시 역시
환멸을 가져다줄 수 있다. 고독과 뿌리 뽑힘, 익명성과 불안이 바로 그것
이다. 사회적 상승이라는 꿈을 이루는 사람은 소수에 불과하다. 그 대신
과거에 가족이나 마을 공동체, 교회가 제공하던 보호가 사라지면서 경

제적·성적 착취가 증가한다. 하녀들이 집주인에게 성추행을 당하는 경우도 드물지 않았는데, 하녀들은 종속적인 지위 때문에 저항하기 어려웠다. 또 경험이 부족한 것을 악용하는 중개인의 술수에 당하기도 했다.

[중개인들은] 일자리를 찾는 사람들, 특히 보모 일을 찾는 처녀들에게 잠자리와 먹을 것을 제공하는 숙소를 관리했는데, 그 숙소는 처녀들이 성매매를 하도록 몰아가는 방편에 불과한 경우가 허다했다. 중개인들은 수많은 시골 처녀들의 경험 부족과 남을 쉽게 믿는 마음을 악용해 처녀들이 먹고 자는 비용을 더 지불할 수 없게 될 때까지 일자리 소개를 최대한 미룸으로써 숙소를 빌려준 중개인에게 빚을 지지 않을 수 없게 만들었다. 이런 식으로 처녀들을 옴짝달싹 못 하게 만들거나, 그렇지 않으면 근무 기록부나 여타 신분증을 보관해놓고 협박하는 방법으로 일자리를 찾는 여성들을 복종하게 만들었다.[11]

전체적으로 19세기 말의 여성들에게 열려 있는 직업의 가능성은 매우 제한적이었으며 그나마 긴 노동시간과 낮은 임금, 건강에 유해한 노동조건과 때 이른 육체의 마모, 열악한 주거와 불충분한 식사 등 엄청난 부담을 져야 했다. 이로써 참으로 독특한 모순적 상황이 발생한다. 직업활동은 한편으로 가족과 가족의 통제에서 독립할 길을 열어주고 그럼으로써 한 조각 "나만의 인생"에 대한 소망에 자극을 주었으나, 다른 한편으로 직업활동의 실제 조건들은 생계를 지속적으로 보장할 만하지 못했다. 이 두 가지 상황에서 역사적으로 새로운 모순이 발생한다. 저 멀리 지평선에서 한 조각 "나만의 인생"에 대한 예감이 처음으로 감지되지만, 일상생활에서는 오히려 억압되고 거부되는 것이다.

이제 우리의 관심을 끄는 문제에 이르렀다. 가정에 매여 있던 삶의 한 귀퉁이가 열릴 경우, 어머니라는 지위는 어떻게 되는가? 새로운 조건에서 아이에 대한 관계는 어떤 의미를 지니게 되는가?

어머니가 됨으로써 물질적 안정을 얻다

여성은 아무것도 아니지만 아내는 모든 것이다. … 그리고 어머니는 하느님 다음으로 전능한 힘을 가지고 있다(19세기 중반의 미국 신문).[12]

19세기 말만 해도 여성이 가정 바깥에서 나만의 인생을 열어갈 가능성은 별로 없었다. 있다 해도 일은 많이 하고 보수는 적었다. 이런 점에서 가정의 구속이 약화되면 여성에게 새로운 불리한 점과 부담이 생긴다는 사실을 알 수 있다. 그럴 경우 여성은 나만의 인생의 부정적인 측면, 즉 위험과 불안에 직면하게 된다. 바로 이런 조건 아래에서 어머니라는 자리는 새로운 의미를 획득하게 된다. 물론 완전히 새로운 것은 아니었고, 이런 변화는 이미 19세기 초반에 시작된 것이었지만 19세기 말에 들어 훨씬 강해졌다. 이런 발전 노선에 대해서는 다음 절에서 다룰 것이다. 여기서 기본은 어머니 노릇이 부르주아계급 여성에게 사회적 안정과 경제적 부양처를 제공한다는 것이다. 가족과 여성에 대해 역사적으로 연구한 자료들을 고찰해보면 대략 다음과 같은 모습이 나타난다.

중간 부르주아와 상층 부르주아계급의 기혼 여성들은 계속해서 가정이라는 사적 공간에서 살아간다. 하지만 이들도 집 안에서 일어나기 시작하는 변화를 경험하게 된다. 그것은 사회학자들에게 "가족의 기능 상실"이라 불리며 여성학에서는 "가정의 커다란 공백Große Häusliche Leere"이라고 일컬어지는 변화다.[13] 이 같은 과정이 진행되면서 과거 여성의 일상 노동에 속했던 수많은 임무들이 떨어져 나간다. 처음에 이것은 여성의 내면에서 채워지지 않는 어떤 느낌으로 나타난다. 그러나 그 이면에 위협적으로 예고된 것은 여성의 존재가 객관적으로 쓸모없게 된다는 것이다. 가정에서 여성이 더는 필요 없게 되는 것이다. 여성은 떠날 수 있게 된다. 그러나 어디로? 가정의 구속이 사라지고 나만의 인생에 대한 강요가 나타나지만, 그것이 사회적이고 경제적인 위험과 수없이 결부되어 있다면 과연 무엇을 해야 할 것인가? 이것이 19세기 말에 몰아닥친 질문들이다. 그러나 이에 대한 대책도 존재한다. 아이가 남아 있기 때문이다. 아니, 아이가 새로운 의미를 얻게 되기 때문이다. 드디어 자녀교육이 여성 삶에서 최후의 보루로 교육 전문가들에게 주목의 대상이 된다. 최근에 사용되는 표현에 따르면 자녀교육은 "여성의 능력과 존엄성을 위한 최후의 보루"다.[14] 이처럼 가정 내부에서 공백이 발생했을 때 자신의 삶의 가능성과 목표를 아직 가지지 못한 여성들은 의식적으로 자녀교육이라는 이상을 따르기 시작한다.

바댕테르Badinter는 이런 여성들에 대해 다음과 같이 썼다.

> 사회적 야망도, 지적인 공명심도 없는, 그리고 남편과 함께 일을 해야 할 필요도 없는 부유한 부르주아계급의 여성들이다. … 지방법원 판사의 부인이나 고위관리의 부인이나 부유한 상인의 부인이 그런 여성에 속했다. 이들은 다른 사람들보다 활발하게, 그리고 무의식적으로 하나의 이상 내지 존재 이유를 추구하면서 지방관청과 권위 있는 의사의 주장을 받아들였다. 자식을 자신의 개인적 관심사로서, 즉 여성으로서 자신의 삶에 의미를 부여해주는 존재로 파악했던 최초의 여성이 이들이었다.[15]

19세기 말은 힘겨운 이행기였다. 한편으로는 여성의 직업활동이 점점 더 중요해졌지만, 동시에 모든 "나은" 직업에서 전반적으로 배제되었기 때문이다. 따라서 여성들은 자기만의 직업을 만들어내는데, 자식이 바로 그것이었다. 어머니의 의미를 의식적으로 확대하고 널리 공표하는 '어머니 운동'이 이 시기에 등장했다는 사실은 이런 해석을 뒷받

침해준다.[16] 여기에서 '어머니'라는 것은 단지 생물학적 행위나 이러저러한 직업 중 하나가 아니라 천직, 그것도 "지고의 소명"이다. 다음 두 발언은 이를 단적으로 보여준다.

그토록 낮게 평가된 어머니라는 직업만큼 폭넓은 시각과 완벽한 균형, 그리고 고매한 인격과 숨결, 정신적 지평, 깊은 이해심과 철학을 요구하는 직업이 이 세상에 또 있겠는가?(헬렌 가드너Helen Gardener, 1897)[17]

의회와 언론, 시 정부와 주 정부, 평화회의와 노동자대회, 학문과 문학 등 각 분야에서 여성 대표가 진출한다 한들 사회의 변화가 태아 때 시작된다는 사실을 여성들이 인식하지 못하는 한 그다지 성과를 거두지 못할 것이다. … 이런 변화는 어머니라는 직업에 대해 전혀 새로운 상을 요구하며 엄청난 의지력의 집중과 지속적인 영감을 요구한다(엘렌 케이Ellen Key, 1909).[18]

"모성의 사회적 의미는 … 부르주아계급 여성의 가장 중요한 잠재적 권력이었다."[19] 초기 여성운동의 입장 역시 이런 배경에서 이해할 수 있다. 미국의 경우 19세기 말에 '자발적으로 어머니 되기Voluntary Motherhood' 운동이 등장한다. 이 운동의 대표자들은 쉴 새 없이 이어지는 임신과 출산의 강제 순환에서 여성을 해방시키기 위해 결혼생활에서 성적 금욕의 기간을 가지는 것을 옹호하기는 하지만, 그렇다고 어머니가 되는 것을 거부하지는 않았다. 오히려 당시의 이상화된 어머니상을 폭넓게 받아들였다. 이들에게도 어머니는 고귀하고 성스러운 직업으로 간주되었다. 만약 어떤 여성이 이 직업을 기피하고 반대한다면 그 여성은 보잘것없고 숭고하지 않은 길을 선택하는 것이 된다. 간단히 말해 당시의 여성운동은 어머니가 되는 것을 유일한 전망으로 삼은 것이 아니라 그와 함께 다른 활동도 고려 대상에 넣는 식으로 여성 삶의 사회적 틀을 확대시키려 했다. 그들은 결코 어머니가 되는 것 자체를 문제시할 정도로 나아가지는 않았다.[20]

따라서 페미니스트인 빅토리아 우드헐Victoria Woodhull과 테네시 클래플린Tennessee Claflin이 1870년에 쓴 다음과 같은 글은 아주 전형적이라 할 수 있다.

여성이라는 존재의 특별하고도 독특한 특징이 아이를 낳는 데 있다는 것은 사실이다. … 이 특별한 소명을 따르지 않고 인생을 사는 사람들은 여성의 인생에서 가장 아름다운 목표를 달성하지 못한 것이라고 말하지 않을 수 없다. 그러나 설령 어머니가 되는 것을 여성이 할 수 있는 가장 성스러운 과제로 여긴다 하더라도, 그 외에 여성이 자신의 능력을 유용하게 투여할 수 있는 다른 여러 영역이 존재한다는 사실을 간과해서는 안 될 것이다.[21]

20세기 초 독일 부르주아 여성운동의 입장 역시 이와 비슷하다. 이들도 어머니라는 존재를 평가절상하며 여성 인생의 강령으로 확대시킨다. 결혼한 여성은 어머니의 이념을 자신의 가정에서 실현해야 하며 미혼 여성은 자신의 직업에 "정신적 모성"을 투입해야 한다는 것이다.[22]

다음은 이와 관련해 여성운동에서 쓰는 전형적인 표현이다.

어머니가 되도록 정해진 여성의 천명이 … 인류 문화에 여성이 결정적으로 기여하는 점일 것이다. … 어머니라는 규정은 여성의 육체적 규정과 결부된 심리적 특징들의 총합이다. 그것은 개인적인 것과 구체적인 것을 지향하는 경향이면서 인간의 개성에 좀더 빠르고 깊이 공감하는 능력으로서 심리적 이타주의, 동정심, 사랑의 근원이 된다.[23]

이와 같은 생각을 토대로 부르주아 여성운동 내부에서는 '모성의 조직화organisierte Mütterlichkeit' 라는 시도가 나타난다. 이 운동의 목표는 여성을 사적인 영역에 가두는 것에 대항하여 싸우고 정치 및 공론장에 접근하도록 하는 것이다. 이를 위한 전략은 시대적 전제들에 맞게 선택된다. 예컨대 평등을 요구하면서도 남성과 직접적으로 경쟁하는 전략은 추구하지 않는다. 학교교육 및 직업교육을 통해 준비되어 있지 않은 상태의 여성들이 경쟁으로 내몰리는 것을 막기 위해서였다. 따라서 역으로 공략하는 방법이 채택되었다. 이를테면 성의 차이를 강조하는 것인데 나름의 활동 영역을 열기 위해 사회보장, 간호, 교육 분야의 직업에서

여성의 특수성, 그러니까 가장 광범위한 의미의 "모성적인 것"을 강조하는 것이다.[24]

특이한 점은 어머니가 되는 것과 여성의 인생행로 사이에 갈등이 싹트기 시작했는데도 당시 여성운동에서는 이 문제가 주제가 되지 않았다는 것이다. 그런 주제가 한 번쯤 나타나기는 했지만 단지 부정적인 의미에서, 즉 착오 내지 오해로만 이해되었다. 곧바로 무시하거나 여성적인 본질을 강조하고 어머니가 되는 것을 최고의 성취로 보는 지배 이념을 받아들이는 방식으로 해결하려 한 것이다.

예를 들어 1902년 《여성운동 편람》은 다음과 같이 쓰고 있다.

여성의 천직은 자신의 아이들이다. … 이것은 그 어떤 것보다 고귀한, 여성의 가장 성스러운 직업이다. … 결국 아이들에게서의 '해방'이 여성 자신에게 어떤 영향을 미치게 될 것인지 자문하게 된다. 얻는 것은 별로 없을 것이다. … 그러나 잃는 것은 훨씬 많을 것이다. 어머니들은 아이들을 떼어내야 한다는 사실에 언제나 괴로울 것이다. 수 세기가 지나면 거기에 적응하게 될 수도 있으며, 이 역시 생각해볼 수 있는 일이다. 그러나 별로 바람직한 것은 아니다. 수 세대 동안 젖을 먹이지 않으면 어머니의 젖이 말라버리듯 영혼도 말라버릴 것이다. … 그리하여 여성에게 가장 고유한 모성도 점점 약해질 것이다. 어머니가 됨으로써 육체에 지장이 생기고 쇠약해질지언정 모성이라는 정신을 통해 얻을 수 있었던 위대성을 상실한 존재가 되고 마는 것이다.[25]

좀더 분명하게 말하자면, 모성에 대한 입장을 본질적으로 규정하는 것은 여성의 경제적 보장이 점차 불안해진다는 사실이다. 당시 모성 숭배가 나타난 것은 남성이 여성을 그들의 자리에 묶어두려고 애썼기 때문만이 아니다. 그것은 여성이 아직 다른 자리를 가지지 못했기 때문이기도 하다. 그렇기 때문에 이 한 가지를 확대하고 안전하게 확보해야 했던 것이다. 일가권속을 부양하는 일은 줄어들기 시작했지만, 독자적인 삶의 가능성은 대다수 여성에게 아직 현실적인 것이 아니었다. "타인을 위한 삶"을 대신할 대안이 없는 여성들에게 아이는 존재의 보증이 되어주었다. 어머니가 되는 일이 결혼과 연결되어 있는 한, 여성은 아이를 매개로 남편에게서 물질적인 보장을 얻는 것이다.

오늘날의 척도에서 보면 특이하게 보이는 점도 이런 사실로 설명될 수 있다. 왜 초기 여성운동의 대표자들이 산아제한을 옹호하는 동시에 어머니를 최고의 천직으로 옹호했는지 말이다. 그들은 여성의 삶의 상황 속에서 형성된 서로 다른 차원의 이해관계들을 이런 '이중 전략'을 통해 수용했던 것이다. 한편으로는 끊임없는 임신의 고통에서 해방되기를 원하지만, 다른 한편으로는 어머니라는 위치를 통해 얻을 수 있는 인정과 자의식 역시 필요하다. 당시에는 대체로 어머니란 위치가 여성이 얻을 수 있는 유일하게 도전적이고 만족을 주며 존경받는 일이었던 것이다. 이런 맥락에서 여성이 어머니라는 자리를 고수하는 행위는, 그것이 사회적 지위와 정치적 권력을 얻기 위한 유일한 토대이기 때문에 전적으로 합리적인 행동 전략이었다.

"자기 몸에 대한 여성의 자결권"을 주장하는 것이 어머니라는 존재야말로
여성의 사회적 가치라는 규정과 척도를 거부하는 행동으로 나아갈 수 있으
려면, 그것과는 다른 임무와 가치 평가의 근거가 존재해야만 했다. 1870년
대와 1880년대의 여권주의자들은 이렇게 다른 가능성을 위해 싸웠다. 그러
나 몇몇 소수의 특권 여성들한테서나 겨우 눈에 띌 만한 변화를 볼 수 있었
다. … '자발적으로 어머니 되기' 운동은 전통적인 결혼 관계 속에서 여성의
위치를 거부하기 위한 것이 아니라 그 속에서 자신의 입장을 강화하기 위한
여성의 도구일 뿐이었다.[26]

그러므로 19세기 부르주아계급에서 '아동의 발견'이 점점 더 폭넓
게 이루어지는 것은 같은 시기 같은 계층에서 발전되는 새로운 문제,
즉 여성문제에 대한 답변이기도 했다. 헨리 제임스는 자신의 소설 《여
인의 초상The Portrait of a Lady》에서 여주인공에 대해 이렇게 쓰고 있다. "그
녀는 지적이고 관대했다. 세련되고 자유로운 본성을 지닌 사람이었다.
하지만 그런 것이 어디에 소용될까?"[27] 아이에게 의식적으로 몰두하는
것이야말로 당장에 의지할 수 있는 해결책이었다.

어머니라는 자리가 짐이 되기도 한다

여성으로 하여금 다른 삶의 요구를 모두 포기하고 출산에만 만족하게 하려는 지나친 요구 때문에 여성들은 출산의 기쁨을 완전히 빼앗기게 될 것이다 (헤트비히 돔Hedwig Dohm, 1903).[28]

지금까지 우리는 부르주아계급에서 가정의 기능이 상실되고 여성의 경제적 종속이 존속됨으로써 어머니란 위치가 새로운 긍정적 의미를 획득하게 되는 과정을 살펴보았다. 그러나 이는 단지 발전 과정의 한 측면만 묘사한 것에 불과하다. 왜냐하면 전통적 구속에서 벗어난다는 것은 자유의 공간, 즉 독립이 가능해진다는 기대와 희망도 담고 있기 때문이다. 지금부터는 이 측면을 고찰해볼 텐데, 이는 다음과 같은 생각에서 출발한다.

해방 과정의 조짐이 나타나는 곳, 즉 나만의 인생에 대한 요구가 등장한 곳에서 매우 조용하고 신중한 형태지만, 여성의 입장과 행동 방식이 변화하기 시작한다. 여성은 더이상 자신을 가정이라는 틀 안에 머무는 하녀나 보모, 보호자 또는 "가정의 천사"라고 생각하지 않는다. 그들은 과거보다 더 일찍 자신의 고유한 인격을 깨닫고 자기만의 소망과 기대와 요구를 느낀다. 아직까지 신호라 하기는 어렵지만 앞으로 전개될 각성을 처음으로 예감하게 하는 것이라 할 수 있다. 그러나 이 과정이 아무리 서서히 일어나더라도 그런 변화를 통해 어머니가 된다는 것이 내포하는 부담을 느끼게 된다. 이제 어머니가 되는 것이 여성 활동에 제약이 되는 이유는 임신과 출산이라는 생물학적 과정 때문만도 아니고 자녀교육과 관련한 요구가 급속하게 증가했기 때문도 아니다. 여성의 삶에서 막 부각되기 시작한 자신의 인격을 인식하고 요구하는 것과 어머니가 되는 것이 대립하기 때문이다. 아이와 결부된 요구는 여러 차원에서 여성 스스로가 가지는 기대, 희망, 계획과 경쟁 내지 갈등 관계에 빠진다.

여기서는 전형적인 모습만을 몇 마디 문장으로 요약했지만, 이는 실제로 오랜 기간에 걸쳐 전개되었다. 여성들은 나만의 인생에 대한 요구와 압박을 출신과 사회적 상황에 따라 서로 다르게 체험하기 때문에 이는 계층별로 상이하게 전개되었다. 이 과정은 아주 점진적으로 시작되며 표면 위로 부상하지 않고 대체로 은폐된다. 이 진행 과정을 역사적인 자료에서 도출해내려면 서로 다른 계층의 여성을 다루는 두 가지 연구를 살펴보아야 한다. 두 가지를 함께 채택해야만 어머니 노릇이 부담이 된다는 새로운 주제가 어떻게 생활 조건의 차이를 넘어 공통으로 나타나는지를 분명하게 알 수 있기 때문이다.

먼저 하층 계급 여성을 살펴보자. 이들은 이미 일찍부터 자신의 생계비를 직접 벌어야 했으며 이에 따라 노동세계에서 요구되는 사고방식과 행동 형태 및 생존 전략, 즉 "시장의 성향"[29]을 접하게 된다. 1750년에서 1900년까지 서유럽 여성들을 다룬 사회사학자 에드워드 쇼터

Edward Shorter의 연구는 정확히 여기서부터 시작한다.[30] 그는 18세기 중반부터 하층 계급 여성들이 시장을 매개로 한 노동관계에 편입되었다는 사실을 출발점으로, 프롤레타리아 여성들이 시장 관계에 직면함으로써 자기 자신을 위한 방향으로, 즉 자신의 이해관계 및 요구를 관철시키는 방향으로 나아가는 새로운 태도를 습득하게 된다는 점을 상술한다. 그런 입장 변화는 시장 영역에 국한되지 않고 가정까지 확산된다는 것이 쇼터의 결론이다. 하층 계급의 젊은 여성들은 곧 성과 결혼과 아이와 관련한 사적인 관계에서도 더 많은 자유를 바라게 되었다. 그리하여 시장을 매개로 한 직업활동은 가정 안에서의 "종속, 무기력, 의존"에서 벗어나는 일보[31]로 일상생활의 직접적인 관계들을 변화시키고 여성이 "자신의 독립성에 대해 더 많이 의식"[32]하도록 만든다. 의식 및 자의식을 위한 중요한 동력이 되는 것이다.

쇼터는 하층 계급 여성이 산아제한에 대한 관심과 동의를 나타내는 것이 바로 이런 입장 변화 때문이라고 본다. 물론 이 입장 변화가 그에 상응하는 행동으로 나아가기 위해서는 산아제한 방법에 대한 지식이 필요한데, 하층 계급 여성들은 19세기 말에야 비로소 그런 지식을 얻게 된다. 이 시점은 서유럽에서 출생률이 분명하게 감소하기 시작한 시점과 일치한다.

여성해방이 시작되기 이전부터 이미 많은 하층 계급 여성들은 자신들의 입장에서 핵가족을 원하고 자신의 생식 능력을 제한하려는 절실한 소망을 가지고 있었다. 그러나 두 번째 단계가 시작되기까지는 산아제한을 위해 필요한 생식 과정에 대한 생물학적 지식이 부족했다. 두 번째 단계에서 산아제한이 확산된 것은 입장이 변화된 결과라기보다는 지식이 증가한 결과다. 이 여성들은 이미 구조 변화에 적응한 결과 좀더 자유롭고 개방적인 입장을 가지게 되었다.[33]

이제 시장 관계라는 것이 쇼터의 가정처럼 정말로 자유에의 소망, 즉 '해방'을 가져다줄 수 있는 강력한 동력인가 하는 질문을 던질 수 있을 것이다. 직업활동이 여성을 가정의 구속에서 해방시켜주기는 하지만 그것만으로 자유를 얻었다고 말하기는 어렵다는 사실을 우리는 알고 있다. 이 경우 종속은 또다른 형태의 종속으로 바뀌는 경우가 허다했다. 클라라 체트킨Clara Zetkin의 말을 빌리자면 "여성은 남성에 대한 경제적 종속이라는 멍에를 벗어던진 그날로 자본가의 경제적 지배 아래 떨어졌다".[34] 그러나 이런 식의 이의 제기가 반드시 맞는 말은 아니다. 새로운 종속은 과거의 종속과는 다르기 때문이다. 새로운 종속은 덜 직접적이고 개인적인 것이어서 일정한 자유를 허용한다. 알리스 살로몬Alice Salomon의 말에 따르면 "대가족을 이끄는 여성은 개인적으로 필요한 것의 대부분을 남편에게 전적으로 의존한다. 형편없는 임금을 받는 임금 노동자들보다 더 종속되어 있는 것이다".[35] 바로 이 부분이 결정적이다. 이렇게 본다면 쇼터의 모델은 중요한 지적을 하고 있다. 그것은 하층 계급 여성들의 상황으로, 그리고 여성과 가족과 아이의 관계에서 입장 변화를 낳는 동인, 즉 '시장의 성향'에 내재된 동인으로 우리의 시선을 돌리게 만든다.

물론 쇼터는 중간 부르주아 및 상층 부르주아 여성들의 삶의 상황을 제대로 보지 못했다. 이들의 상황 속에도 이미 자녀 수를 줄이지 않을 수 없는 계기들이 그의 가정 이상으로 많이 있었기 때문이다. 이런 사실은 19세기 중반 미국의 중간 교양 계층 여성들을 다룬 역사학자 칼 데글러Carl N. Degler의 연구서를 읽어보면 분명히 알 수 있다.[36] 시장 관계 속에 내재된 강요와 지향성은 아직 이 여성들에게까지 이르지 못했다. 그러나 이들은 유럽 여성들보다 훨씬 더 독립적이고 존경받는 지위를 가지고 있었다.[37] 또 아직 공식적인 교육은 받지 못했지만 수없이 많은 간접적인 경로를 통해 새로운 사상이 침투되고 확산되었다. 따라서 이들은 자기 주변의 사회와 계급의 이념, 즉 개인의 발전과 의식 및 자의식을 강조하는 계몽주의의 자극에서 완전히 차단되지 않았다. 미국 여성들은 유럽 여성들보다 일찍 새로운 복음에 열광하게 된다. 여성을 "인격체이자 시민"으로 보는 계몽주의 모델 말이다.[38] 데글러의 연구에 따르면, 여기에서 역사적 전환이 시작된다. 새로운 교육 이상과 더불어 새로운 입장과 관심과 요구, 즉 새로운 내적 척도가 생겨나게 되고 이것이 어머니라는 위치가 요구하는 것과 부분적으로 상충하게 되는 것이다. 이를 이해하기 위해 데글러가 일기와 편지 등에서 인용한 부분을 보자.

메리 워커Mary Walker는 1846년에 다섯 번째 아이를 출산한 후 다음과 같이 일기장에 쓰고 있다. "내 생각은 온통 가족을 돌보는 일에 얽매여 있다. … 내게는 다른 것을 생각할 여지가 남아 있지 않다. 때로는 살아갈 용기가 나지 않을 때도 있다. 나의 미래란 해가 갈수록 노동이 늘어나리라는 것 외에는 아무것도 기대할 수 없기 때문이다."

몰리 샌포드Mollie Sanford는 결혼 2년 후에 쓴 일기에서 이렇게 말한다. "나는 소소한 집안일 말고는 지극히 단조롭게 시간을 보낸다. 발전이라고는 없다. 나의 정신은 어디에 있단 말인가." 1863년에 둘째 아이가 태어난 뒤에는 일기를 쓰는 날이 점점 더 드물어진다. "나는 기분이 내킬 때에만 일기를 쓴다. 나는 내가 아내와 어머니로서 지켜야 할 의무를 이행하고 있다는 사실을 안다." 그리고 살아남은 아이 중 둘째가 태어난 후 일기는 완전히 끝나버린다. 그녀는 마지막 페이지에서 이렇게 쓰고 있다. "아이 둘을 키우려면 일기를 쓸 시간이 별로 없을 것이다. 아이들이 아무것도 할 줄 모르는 어린 시절에는 그들을 먹이고 기르는 일에, 그리고 그다음에도 평생 동안 아이들의 정서를 훈련시키고 가르치는 일에 내 시간을 바치려고 한다."

해리엇 비처 스토Harriet Beecher Stowe는 1846년 결혼 11주년 기념일에 남편에게 자신의 가정생활을 결산하는 내용의 편지를 쓴다. 처음에는 "어머니가 된다는 사실에 희망으로 차 있었어요. 이 세상의 그 어떤 생명 있는 존재도 나만큼 어린아이의 얼굴을 보길 갈망하고, 그토록 사랑이 넘치는 마음을 준 적은 없을 겁니다". 그러나 현실은 기대와는 달랐다. "병, 고통, 혼란, 끊임없는 낙담, 피로, 긴장이 밤이나 낮이나 쉬지 않고 이어졌지요. … 아, 어머니라는 삶에서는 위로를 찾을 길이 없었어요. 내가 원했던 모든 것이 얼마나 달라지고 어긋나게 되었으며, 나의 길은 또 얼마나 사방으로 가로막히게 되었던지!" 그녀의 결론은 "내가 가정을 삶의 목표이자 천직으로 만들지 못한 것은" 하느님의 뜻이라는 것이었다. "그리고 이런 교훈이 아무리 쓰다고 할지라도 나는 그것에 대해 충심으로 하느님께 감사드려요."[39]

이런 진술들을 볼 때 개인의 발전이라는 이념이 여성에게 수용되어 자신의 삶에 적용될 경우 얼마나 반항적인 힘을 분출하는지 알 수 있다. 가정이라는 성스러운 사원에서 최초로 타오르는 회의의 불꽃인 것이다. '타인을 위한 삶' 속에서 자기발전을 위한 여지가 남아 있는 곳은 어디인가? 어머니라는 자리가 부담으로 느껴진다면 부담을 덜어주는 것이 당연하지 않겠는가? 이에 대한 답은 바로 자녀의 수를 제한하는 것이다. 이것이 데글러가 우리에게 그려 보인 그림이다. 새로운 교육의 이상이 나타남에 따라 입장의 변화가 생기고, 이런 변화가 초기의 출생률 감소에 결정적으로 기여했다는 것이다. "여성이 자신을 인격체로 의식하게 되자 그들은 자신의 생식력을 통제하려고 했다."[40]

여성은 언제나 산아제한을 할 이유를 가지고 있었다. 그러나 이런 이유가 좀더 넓은 토대 위에서 행동으로 옮겨지는 것은 여성이 자신의 인격을 의식하게 되었을 때, 다시 말해 남편과 가족에게서 독립된 나름의 인격체로서 자신을 인식하게 되었을 때 비로소 가능해졌다.[41]

데글러의 역사 해석이 맞다면, 아이에게 매여 있는 것을 답답한 속박이라고 처음 느낀 것은 20세기 후반에 직업을 가지려던 여성들이 아니다. 어머니 노릇을 하루 종일 매달려 있어야 하는 피곤한 일로 느낀, 즉 "시간을 요하고 정력을 소진시키면서 사소한 활동을 매일같이 반복하는 일"(뉴스턴Newston, 1881)[42]로 느낀 여성들이 이미 19세기 중반과 후반 교양시민계급에 존재했다. 그러나 그들이 어려운 상황에 처해 있었으리라는 사실 또한 분명하다. 왜냐하면 19세기는 어머니라는 존재가 폭넓게 이상화되며 낭만적으로 고양된 시기였기 때문이다. 그런 분위기 속에서 이 여성들은 자신들의 생각을 잘못이며 죄악이라고 규정하는 원칙에 부딪히게 되었다.

진퇴양난의 상황에서 여성들은 무엇을 할 수 있었을까? 대개는 할 수 있는 일이 그리 많지 않았다. 여성에게 지정된 길은 복종이지 반란이 아니었다. 병으로 도피하는 것도 하나의 출구였을 것이다. 이런 행동은 당시 상류 중산층 여성들 사이에 널리 퍼져 있었다.[43] 이에 반해 아이가 행복이기만 한 것이 아니라 속박이기도 하다고 자인하는 행위는 가장 극단적인 조치로 엄청나게 큰 용기를 요하는 일이었다. 이렇게까지 할 수 있는 것은 아마도 예외적인 조건에서만, 예컨대 예술과 문화, 학문, 철학, 정치 등과 밀접하게 접촉하는 환경에서만 가능했을 것이다. 그럴 경우조차 선동적인 사상은 지배적인 이상의 압박 때문에 일기, 가까운 이들과의 대화나 서신 등 사적인 영역에 머물러 있을 수밖에 없었다.

이런 상황을 잘 보여주는 예를 데글러가 고찰한 집단과는 상당히 먼 한 여성에게서 발견하게 된다. 그 여성은 톨스토이의 부인 소피야 톨스토이Sofya Tolstoi로, 19세기의 교양 있는 미국 중산층 여성이 아니라 차르 치하의 러시아 귀족이었다. 그러나 대륙과 신분의 차이를 넘어 일정한 삶의 유사성을 발견할 수 있다는 점은 매우 중요하다. 데글러의 연구에서 고찰한 여성들이나 소피야나 모두 전적으로 사적이고 가정적인 것에 방향을 맞춘 삶의 경계를 넘어서는 정신적 자극과 접하게 된다. 그렇지만 가족과 가사를 돌보는 일이 늘어나면서 개인적인 자유가 갈수록 줄어드는 탓에 그런 교육의 요구를 거의 실현할 수 없었다. 이 같은 요구와 실현 가능성의 편차가 바로 데글러가 연구한 여성들과 소피야 톨스토이를 연결시키는 공통점이다.

겉으로만 보면 자식을 무려 열셋이나 낳은 소피야 톨스토이의 삶은 어머니라는 이상의 구현 그 자체로 보인다. 사적인 기록을 읽어본 다음에야 비로소 겉모습 뒤에 감추어진 전기적 상황은 매우 불균형하며 갈등에 찬 것이었다는 사실을 알 수 있다. 남편을 통해 지속적으로 "위대한 이념"의 세계와 대면했지만, 그녀 자신은 집안일 및 재산 관리와 관련된 수없이 많은 일상사를 조정하는 일에 매달려 있어야 했던 것이다. 이런 균열은 그녀의 일기에 정확하게 반영되었다. 그녀는 "인생 전체를 예속시켰으며"[44] 점점 더 "노예처럼 봉사"[45]할 것을 요구하는 "가정이라는 전제정치"[46]에 대한 신랄한 비판이 해가 갈수록 커지는 모습을 가차 없이 기록했다. 소피야는 실망과 절망과 슬픔을 터뜨리며 "개인적인 기쁨과 사생활, 그리고 평생 해왔던 다른 사람을 보조하는 일이 아니라 나만의 일에 대한 동경"[47]을 표현한다. 언제나 "노예에 불과한 삶…, 나는 더이상 그렇게 살 수 없다".[48]

나는 사생활도 없고 독서를 할 수도, 놀 수도, 깊이 생각할 수도 없다. 전에도 언제나 그랬다. 이런 것이 삶이란 말인가? … 나는 본래의 의미에서 살고 있다고 할 수 없다. 연명하고 있을 뿐이다.

오늘 세료샤Serjoscha[아들]가 "엄마는 갈수록 어린애 같아져요. 엄마한테 인형을 선물해야겠어요. 거기다 소꿉놀이까지 함께요"라고 말했다. 그 애가 말한 내용은 우스꽝스러운 것이었지만, 내가 어린애같이 된다는 사실 자체는 전혀 우습지 않다. 오히려 매우 슬프다. 내게는 독자적으로 어떤 일에 몰두할 시간과 나에게 몰두할 시간이 전혀 없다. 내 힘과 시간은 가족, 즉 남편이나 아이들이 요구할 때마다 그때그때 내줘야 했다. 그리하여 갑자기 늙어버린 지금, 내 모든 정신적인 힘과 심신의 힘은 가족을 위해 다 써버렸고 세료샤의 말마따나 아이로 머물러 있는 것이다. 가족을 위해 온갖 노역을 하고 난 지금 나는 더 나은 교육을 받지 못한 것, 어떤 예술에도 조예가 깊지 못한 것, 사람들을 별로 알지 못한 것, 또 그들에게서 별로 배우지 못한 것에 대해 통탄할 뿐. 그러나 너무 늦었다.

자식들이 내게 뭐라고 비난을 하더라도 앞으로는 결코 예전처럼 살지 않을 것이다. 모든 것은 시간과 더불어 마멸되는 법이다. 가족에 대한 어머니로서의 격렬한 감정도 그렇게 소진되었다. 나는 가족의 약하고 부족한 점과 그들의 불행을 보고도 더이상 괴로워할 수 없으며, 또 괴로워지도 않겠다. … 그런 가족의 이야기는 충분히, 아니 그 이상으로 들었다. … 할머니로서의 내 감정은 그다지 깊지 않다. 아이들과 함께 있으려면 전적으로 실제적이고 세속적인 관심을 기울여야 한다. 그러나 나는 그런 것에서 멀리 떨어져 있다. 아이들의 세계는 더이상 나의 관심을 끌지 않는다. 그런 것은 이미 충분히 했다.[49]

다방면의 어머니였던 소피야 톨스토이. 겉으로 드러난 자료만 보면 그녀는 당시의 여성상과 완전히 일치하는 것처럼 보인다. 그러나 그 속에는 이미 반발이 존재하고 있었다. 물론 일기에 국한되어 있는 말뿐이고 또 그녀 자신에게는 "너무 늦은" 것이었지만 말이다. 그러나 이것이야말로 여성과 가족, 여성과 아이의 관계가 변화되기 시작하는 모습을 보여주는 최초의 형태로, 이런 초기 신호들은 겉으로 드러나지 않기 때문에 찾아내기가 매우 어렵다.

다시 미국으로 돌아가 작가 케이트 초핀Kate Chopin의 경우를 보자. 초핀은 공공연하게 자신의 저항을 표출한 몇 안 되는 여성 가운데 하나다. 편지나 일기를 쓰는 데 그치지 않고 소설을 썼기 때문이다. 1899년에 발표한 소설은 《각성The awakening》이라는 의미심장한 제목을 가졌는데, 여주인공이자 주요 등장인물인 에드나 폰텔리에라는 인물을 통해 어머니 역할에 대한 거부, 즉 "자기희생"과 "영혼의 노예화"에 대한 저항을 그린다. 처음에는 내면적으로 거리감을 두는 기미만 보일 뿐 외적인 행동으로 저항이 나타나지는 않는다.

폰텔리에 씨로서는 어떤 이유에서 자기 아내가 아이들에 대한 의무를 등한시하는지를 정확하게 말로 표현하기가 … 어려운 일이었을 것이다. 그것은 머리로 이해하기보다는 느낌으로 알게 되는 그런 것이었다. … 폰텔리에 씨네 아이들이 놀다가 넘어지게 될 경우 제일 먼저 보이는 반응은 울면서 어머니 품속에 뛰어들어 위로를 찾는 것이 아니었다. 오히려 다시 몸을 일으켜 눈물을 닦고 입에 묻은 모래를 떨어낸 후 계속 놀았다. … 간단히 말해서 폰텔리에 부인은 어머니로서의 여성Mutter-Frau이 아니었다. 올 여름 그랜드아일 섬에서는 모성적인 여성 유형이 두드러진 것처럼 보였다. 이런 여성들을 알아보기란 쉬운 일이다. 이들은 새끼들 주위를 날아다니다가 자신의 소중한 새끼들이 위험에 빠지거나 또는 위험하게 보이기만 해도 날개를 활짝 펴서 보호하는 것이다. 이들은 자식을 신격화하고 남편을 신처럼 떠받들며 개인으로서의 자신은 없애버리고 수호천사처럼 날개를 다는 것을 성스러운 권리라고 간주하는 여성들이었다.

끝에 가서는 자신의 감정에 대한 회의가 더이상 나타나지 않는다.

이제야 비로소 그녀는 자기가 오래전에 말했던 것의 완전한 의미를 이해했다. 그녀는 … 자신이 본질적이지 않은 것을 포기하기는 해도 결코 자식들을 위해 희생하지는 않을 것이라고 말했던 것이다. … 그녀에게는 자식들이 자신을 제압하고 점령하며 죽는 날까지 자기 영혼을 노예로 삼으려는 적처럼 여겨졌다. 그녀는 자식들에게서 벗어나는 한 가지 길을 알고 있었다.[50]

에드나의 길이란 마지막 탈출구인 자살이다. 그런데 심지어 이런 점에도 당시의 시대상이 반영되어 있다. 소설 속에서 지배적인 형태인 모성에 내면적으로 거리를 두는 인물을 그리는 것은 가능하지만 여기서 한 발짝 더 나아가는 여성, 즉 더 많은 자유를 획득하기 위해 공공연하게 반항하고 요구하며 적극적으로 변화하는, 그리하여 자신의 삶을 자신이 직접 책임지는 여성을 그리는 것은 불가능하기 때문이다. 그런 것은 개연성도 신빙성도 없는 일이 될 것이다. 극단적인 국외자에 속하는 여성의 경우에는 가능할 수도 있다. 그러나 에드나처럼 늘 보호 대상이 되는 상류 부르주아 출신의 인물은 아닐 것이다. 그녀의 내면은 이미 균열이 커져 사회가 요구하는 규정된 형태의 어머니 역할과 화해하기 어렵게 되어버렸다. 그러나 동시에 그녀는 규범에 대한 어떤 반란도 여성에게 허용하지 않는 또다른 최고 명령을 감히 위반하지 못한다. 에드나의 자살은 바로 이 중간 단계를 반영한다. 그녀는 더이상 그렇게 살고 싶지 않지만 달리 어찌할 방도를 알지 못하는 것이다. 그녀의 자살은 수동적 행위인 동시에 저항이기도 하다.

에드나가 보여주는 신랄함이라든가, 더욱이 절망적인 죽음은 분명 당시 여성들에게 전형적인 것이 아니었다. 따라서 이 소설의 사회사적 의미는 여기서 서술되는 이야기가 시대를 대표한다는 사실에 있지 않다. 오히려 이야기 자체보다는 책에 대한 당시 여론이 우리에게 많은 것을 시사한다.[51] 이 소설은 "풍속을 해치는 구절들" 때문에 비평계에서 혹평을 받았다. 케이트 초핀의 책들이 도서관에서 퇴출되었을 뿐 아니라 작가 본인도 고향 도시의 예술가협회에서 제명을 당했다. 그녀의 이름은 75년간 모든 문학사에서 빠져 있었다. 이처럼 분노가 폭발한 이유는 무엇일까? 혹시 그 책에서 묘사하는 내용이 당시 사람들에게 진실을 간파하게 해주었기 때문에 참기 어려웠던 것은 아닐까? 현실에서는 겨우 암시적으로 나타나기 시작한 현상을 소설에서 명확하게 형상화함으로써 사람들의 의식을 날카롭게 파고들었기 때문은 아닐까?

이 소설은 극단적인 예를 보여준다는 바로 그 점에서 의미가 있다. 그렇게 함으로써 의문, 그것도 특별히 불편한 의문을 불러일으키기 때문이다. 때때로 비슷한 느낌이 떠오르는데도 자신과 다른 사람들에 대한 두려움 때문에 곧바로 그런 느낌을 덮어버렸던 여성들이 많았던 것일까? 당시에도 모든 여성이 오로지 "어머니로서의 여성"에 만족하는 것은 아니었다는 이야기일까? 요컨대 그렇게 널리 퍼져 있고 우리에게도 아주 익숙한 "아늑한 어머니의 행복"이라는 상이 온전한 진실이 아닐 수도 있지 않을까 하는 의문이 생기는 것이다.

이런 의문에 대해 데글러의 연구에서 인용된 일기와 편지, 소피야 톨스토이의 수기, 케이트 초핀의 소설은 대다수 여성과 동떨어진 소수의 예일 뿐이라는 대답도 가능할 것이다. 그러나 이를 반증하는 증거들은 많다. 이와 관련하여 무엇보다도 중요한 것은 미국에서 이미 19세기 전반에 출생률이 뚜렷이 감소하기 시작했다는 사실이다. 미국 백인 여성의 평균 자녀 수는 1800년 7.4명에서 1840년에는 6.14명, 1880년에는 4.24명, 그리고 1900년에는 3.56명으로 감소했다.[52] 출생률 감소는 여성들의 입장 변화와 연관이 있다. 이런 변화는 수많은 전통의 대변자들에게 격렬한 공격을 당했다. 정치권과 여론은 온갖 방식을 사용해 이를 민족을 위협하는 위험으로 묘사했다. 그러나 미국의 자유주의 집단에서는 변화를 차츰 받아들였다. 데글러는 "늦어도 19세기 중반에는 자녀 수를 제한하려는 여성들의 직접적인 관심이 많은 남녀 대표자들에게 인정을 받았다는 확실한 증거들이 있다"라고 말한다. 그러면서 "산아제한을 옹호하는 적지 않은 저자들이 그로 인해 여성에게 생길 수 있는 장점을 환기시켰다"[53]는 사실에 시선을 돌린다.

데글러가 인용하는 저자들 가운데 로버트 데일 오언Robert Dale Owen도 1847년에 이미 그런 입장을 대변했다. "어떤 남성도 한 여성이 자기 아이들의 어머니가 되리라는 소망을 품어서는 안 될 것이다. 만약 그것이 그 여성이 분명히 바라는 것이 아니라면, 그리고 그녀의 행복에 도움이 되는지 알지 못하는 경우라면 말이다. 이 일에 관해 남성에게 여성의 감정과 관심은 침범할 수 없는 법칙이 되어야 한다." 다수의 대중 과학적인 건강 지침서를 쓴 프레더릭 홀릭Frederick Hollick은 1850년에 《결혼 입문서The Marriage Guide or Natural History of Generation》를 펴냈는데, 이 책에서 여성의 건강을 위해 산아제한이 중요하다고 강조했다. 아이를 더 낳지 않으려는 절망적인 바람 때문에 수많은 여성들이 낙태로 내몰리는 것보다는 산아제한이 확실히 낫다는 것이다. "심지어 많은 여성들이 아이를 더 낳느니 차라리 죽겠다는 말까지 한다." 그런 경우 "낙태와 피임이라는 두 가지 가능성 중에서 선택할 수밖에 없을 텐데, 나는 수천 명의 사람들이 같은 생각을 가지고 있으리라 확신한다".[54]

산아제한에 대한 여성들의 관심이 얼마나 거셌는지는 19세기 중반에 낙태가 증가한다는 사실에서 분명하게 알 수 있다. 그것도 모든 계층에서, 그리고 기혼 여성들 사이에서도 증가했다.[55] 데글러는 이런 경향을 여성들이 더이상 자신을 가족의 일부로만 보지 않고 "가족 안의 개인"으로 생각하게 되었다는 뚜렷한 징후로 파악한다. "낙태가 새롭게 받아들여짐으로써 여성의 육체는 태아나 남편의 처분권에 맡겨진 것이 아니라 여성 자신에게 완전히 속하는 것이 된다."[56]

19세기 여성들이 자신의 이해관계에 대해 점점 더 의식하게 되었음을 노골적으로 보여주는 사실은 피임이 널리 확산되었다는 것보다도 낙태가 증가했다는 것에서 알 수 있다. 왜냐하면 대부분 피임 수단과는 달리 낙태는 남성의 동의나 협조에 의존하지 않기 때문이다. 그럼으로써 무엇보다도 자기 육체에 대해 완전한 처분권을 주장하는 것이다. 남성의 권리보다 여성의 권리에 더 높은 가치를 부여한다는 점에서 개인화에 대한 요구가 가장 극단적인 형태로 표출되는 것이다.[57]

낙태의 증가는 자율성과 자결권이라는 주도적인 가치를 공공연하게 선언하면서도 여성들에게는 허용하지 않는 사회에 대한 일종의 사적인 저항이다. 그러나 더는 이런 가치에서 제외되지 않겠다는 여성들의 요구는 많은 집단에서 여전히 반란이나 다름없는 것으로 여겨졌다. 그리하여 여성들은 이중적인 도덕을 통해 탈출구를 찾게 된다. "침묵의 세기"[58]라고 특징지을 수 있는 이 시기에 수많은 여성들이 개별적으로 낙태를 행하지만, 이와 동시에 낙태는 공적으로 비난의 대상이 되고 심지어는 법으로 금지되기에 이른다.

자신의 육체에 대해 완전한 자결권을 요구하는 여성의 주장이 아이와 남편의 희생을 바탕으로 하는 낙태로 표현된다는 이유만으로도 이미 19세기는 낙태를 허용할 수 없었다. 개인으로서의 여성을 강조하고 여성들의 이익을 옹호하는 페미니스트들조차 아직 낙태를 허용하는 정도까지 나아가지는 못했다. 적어도 공중 앞에서는 그랬다. 많은 여성들은 낙태가 금지되어 있는데도 낙태를 함으로써 사적으로 이런 자율성을 주장했다. 그러나 이는 분명 최후의 방책이었지, 드러내놓고 주장한 권리는 아니었다.[59]

마지막으로 교육 수준과 자녀 수의 관계를 보여주는 흥미로운 통계 자료들도 들 수 있다.[60] 이에 따르면 산아제한을 하는 이들은 특히 교육받은 여성들이었다. 출생률 감소가 제일 먼저 시작된 곳이 여성을 "인격체이자 시민"으로 간주하는 계몽주의 이상이 유럽보다 훨씬 일찍 감지된 미국이라는 사실에서도 비슷한 관계를 볼 수 있다. 이 두 가지 사실 모두 교육이 여성을 가족의 삶이라는 지평에서 떼어내 나름의 시각과 인생 계획을 촉진한다는 것을 보여준다. "교육은 여성이 다른 사람의 욕구가 아닌 자신의 욕구에 따라 삶을 만들어나가는 정도를 보여주는 간접적인 척도라고 할 수 있을 것이다."[61]

새로운 교육 규범의 영향

우리는 같은 시기에 전개된 또다른 흐름을 잊어서는 안 된다. 아이와 아이의 성장을 위해 필요로 하는 것에 대한 사회적·문화적 정의가 변한 것이다. 교육학적 견해의 변화 역시 자녀의 수를 제한하는 동기가 된다. 왜냐하면 아이가 더 중요해지고 귀중해질수록 관심과 비용이 더 많이 요구되는데, 그에 맞게 돌볼 수 있으려면 아이가 적어야 하기 때문이다. 이처럼 산아제한은 아이에 대한 사랑 때문에 이루어지기도 한다.

이에 대해 사회사학자 필립 아리에스는 다음과 같이 말한다.

자녀 수가 적으면 적을수록 각각의 아이에게 더 많은 시간과 관심을 기울일 수 있다. 부모들은 자신의 가족을 산아제한을 통해 선발된 구성원으로 이루어진 소수 정예 집단으로 보기 시작했다.[62]

역사학자 로런스 스톤 Lawrence Stone 도 비슷하게 말한다.

역설적으로 보이겠지만, 피임이 확산되기 위한 전제조건은 아이와 더 강력하게 연관되는 방향으로 사회가 발전하는 것이다. 아이들이 나름의 권리를 지닌 소중한 개인으로 간주되는 경우에 피임이 이루어진다. 부모가 자기 아들딸의 미래에 대해 별로 생각할 필요가 없는 경우에는 자녀를 몇 명이나 둘지가 중요하지 않다. 그러나 양육과 생계와 교육을 위해, 그리고 마지막으로 사회에 진출시키기 위해 많은 노력을 기울여야 하자 곧 아이들은 제한된 자원을 둘러싼 경쟁자가 된다. 아이들의 수가 증가할수록 개별 아이에게 돌아가는 비용의 질은 떨어지기 때문이다.[63]

이런 관계는 제일 먼저 부르주아계급에서 나타난다. 앞에서 살펴본 것처럼 부르주아계급에서는 아이의 발견을 통해 어머니 역할이 하나의 직업으로 변화한다. 이런 직업화는 다른 직업 영역에서와 마찬가지로 새로운 척도와 표준, 그리고 고유의 직업윤리를 만들어낸다. 이때 '직업으로서의 어머니'는 가능한 한 자식을 많이 낳는 것이 아니라, 반대로 원대한 요구를 더 잘 충족시킬 수 있도록 자녀 수를 줄이게끔 만든다. 요컨대 책임이 늘어나면 아이를 덜 가지게 된다. '양'과 '질'이 서로 경쟁 관계에 빠지는 것이다.

예를 들면 자발적으로 어머니 되기 운동을 대표하는 사람 중 하나인 엘리자베스 캐디 스탠튼Elizabeth Cady Stanton은 1870년 뉴욕에서 행한 연설에서 이렇게 말했다. "오늘날 미국에서는 핵가족에 대해 이런저런 얘기가 많습니다." 그렇지만 "아이들을 제대로 교육시키지 않고 자라게 하는 것이 얼마나 심각한 결과를 초래하는지에 대해 사람들이 한 번쯤 숙고한다면 곧 아이들이 더욱 줄어들 것입니다". 출산이란 단지 동물적인 행위일 뿐이지만 "어머니가 한 명의 고귀하고 건강하며 행복한 인간을 세상에 내놓을 수 있다면, 그것은 교회와 국가를 위해 한없는 축복입니다. 수적으로는 인류 증가에 기여하지만 질에 대해서는 거의 신경을 쓰지 않는 경우보다 이런 어머니가 인류에 더 크게 기여하니까요".[64]

20세기를 "어린이의 세기"라고 선언한 엘렌 케이의 주장 역시 아이들이 많은 대가족의 시대를 의미하지 않는다는 사실이 간접적으로 암시된다. "어떤 학문이나 … 어떤 예술 활동도 한 아이를 실제로 교육하는 것만큼 여성에게 큰 노력을 요구하는 경우는 없다. 아이의 육체와 영혼, 감정과 정신이 가능한 한 완전하게 발전되려면 이 과제를 위해 어머니가 온 영혼과 온 마음을 기울여도 모자라다."[65]

하층 계급에서는 이와 반대 상황이 전개된다. 노동계급 여성에게 자식 교육은 자신의 지위를 보장하는 데 도움이 되지 못한다. 게다가 이미 교육 이외에도 과중한 노동 부담을 안고 있다. 따라서 이들에게 새로운 교육 기준이 받아들여지는 것은 자발적이라기보다는 대대적인 계몽 캠페인을 통해, 이를테면 "위에서부터"의 계몽 캠페인을 통해 이루어진다.[66] 19세기 후반에 시작된 이 캠페인은 부르주아계급 여성들이 의사, 기업가, 교회, 지방자치단체와 공동으로 벌인 것으로 도시 노동자의 아내와 딸 들을 우선적으로 겨냥한 것이다. 이와 함께 높은 영아 사망률을 줄이기 위한 건강교육부터 영양 섭취법과 모유 수유 캠페인까지, "노동자 가족을 위한 보건교육과정"[67]이 도입된다.

유아복지기관의 도움으로 도시의 하층 여성들은 신생아를 '합리적으로' 다루도록 교육을 받고 건강에 대한 의식을 지닌 어머니가 되는 훈련을 받아야 했다. 그들은 복지기관의 의사와 개별 면담을 통해 갓난아기에게 젖을 먹여야 한다는 사실과 먹이는 방법을 배웠다. 의사는 '강제성이 없는 대화'를 통해 그들에게 위생적인 영아 양육의 표준을 알려주었으며 새로운 규칙을 주지시켰다. … 그런 규정들은 수유 보조금을 기대하고 임산부 상담소를 찾은 여성들의 귀에 매우 낯설게 들렸다. 젊은 산모들이 자신의 새로운 의무를 정확하게 이행하려면 대단한 노동력이나 노동을 감수할 각오가 요구되었다. 우는 아기에게 바로 젖을 물리지 않고 의사가 정해준 수유 시간이 될 때까지 기다리려면 강인한 신경과 엄청난 인내심이 필요했다. 밤에 갓난아이에게 젖을 물리는 것도 엄격하게 금지했다. 젖을 물리는 것으로 조금이나마 밤의 휴식을 누릴 수 있었던 산모들에게는 이 역시(아기를 위해 그들이 해야 할 위생 및 청결 조처는 차치하더라도) 추가적인 부담이 되었다.[68]

그 결과는 이중적이다. 영아 사망률이 감소하는 한편 출생률도 감소했다. 자녀 양육에 많은 비용이 들기 때문에, 그리고 이렇게 비용을 들인 결과 살아남는 아이들이 많아지고 그에 따라 더 많은 아이들을 양육해야 하기 때문에 산아제한의 필요성이 대두된다. 뒤늦게나마 하층 계급에서도 중간층 및 상류층과 비슷한 과정이 시작된 것이다.[69]

5장

전통적인 이상과
변화의 징조

1950년대와 1960년대

19세기 후반부터 20세기 후반까지 정치체제와 사회체제를 근본적으로 변화시키는 수많은 대변혁과 변화 및 사건이 일어난다. 이런 변화는 직접적으로든 간접적으로든 다양한 형태로 여성의 삶에 영향을 미친다. 그러나 여기서 우리의 관심 대상은 이 일련의 변화 전체가 아니라 변화의 기본 노선이다. 결론적으로 요약하자면, 과거에는 그토록 밀접했던 여성과 가족의 관계가 20세기 말에는 점점 더 벌어지게 된다. 이런 현상은 '나만의 인생'에 대한 요구와 압박이 커질수록 많은 여성들에게서 직접적으로 나타난다.

결혼과 가족의 황금시대

가족학에서 1950년대와 1960년대는 '결혼의 황금시대^{Golden Age of} ^{Marriage}', 즉 결혼과 가족의 전성기로 간주된다. 프랑스와 영국, 이탈리아, 미국을 막론하고 서구 산업사회에서 가족에 대한 찬가가 드높았다. 심지어 서독은 헌법을 통해 가족이 국가의 특별한 보호를 받도록 정하기도 했다(기본법 제6조). 제2차 세계대전이 남긴 파괴의 시대가 지나자 사회적으로나 개인적으로나 재건의 시대가 이어졌다. 결혼율과 출생률이 상승했고 일찍 결혼해서 아이를 낳는 것은 이른바 '평범한 인생 ^{Normalbiographie}'이라면 누구나 당연히 거쳐야 할 과정이었다. 이를 표제어로 요약하면 '사랑 – 결혼 – 출산^{love-marriage-baby carriage}'이라고 할 수 있다. 그러니까 먼저 서로 마음이 맞는 사람을 만나고, 그다음으로 행정 관청이나 가능하면 교회에서 인증을 받는 결혼을 하고, 곧이어 사랑의 최고 결실로 아이가 태어난다는 것이다.

젠더 관계에서도 '남성적인' 능력 및 임무와 '여성적인' 능력 및 임무를 완전히 대립적으로 보는 확고한 관념에 기초한 모델이 존재했다. 외면상으로는 어느 정도 현대적인 모습을 취했지만 그 핵심은 19세기의 전통적 사유에 머물러 있었던 것이다. 1957년 6월 18일에 공포된 남녀평등법을 예로 들어보자. 입법기관이 남녀의 평등권을 규범으로 인정한 점은 역사적 진보이자 그 자체로 주목할 만한 일이다. 그러나 오늘날의 시각에서 볼 때 평등권이라는 개념을 당시에 어떻게 이해했는지 또한 눈에 띄는 부분이다. 예를 들어 이 법의 서문에는 다음과 같이 나와 있다. "원칙적으로 가족을 부양하는 일은 남성의 직분에 속하며, 이에 반해 여성은 가족을 사랑하는 일을 자신의 가장 고귀한 임무로 여겨야 한다."

　그런 모델이 얼마나 널리 퍼져 있었는지를 명확하게 보여주는 것이 1959년에 나온 경험적 연구다. 당시 사회학자 노르베르트 슈미트–렐렌베르크Norbert Schmidt-Relenberg는 인문계 고등학교를 막 졸업한 여학생들을 대상으로 설문 조사를 실시했다. 이 조사를 통해 그는 조사 대상 여학생들이 직업 및 가정과 관련하여 개인적 미래를 어떻게 구상하고 있는지 알아보았다.[1] 이 연구 결과는 당시 여성에 대한 기대와 규범의 힘이 얼마나 막강했는지를 인상적으로 보여준다. 젊은 여성들의 미래 설계에서 가족이 명백한 우위를 차지했던 것이다. 조사 대상 여성의 절반을 조금 넘는 수가 대학에 들어가겠다고 대답을 하기는 했지만 "결혼 후에도 직업을 가지고 싶나?"라는 질문에는 56퍼센트가 "아니오"라고 답했다. "어머니가 된 후에도 직업을 가지고 싶나?"는 질문에서는 가족의 우세가 더욱 분명하게 나타났다. 이 질문에 대해 "무조건 그렇다"라고 대답한 사람은 단 한 명도 없었고 93퍼센트가 "무조건 아니오"라고 대답했다. 저자는 연구 결과를 다음과 같이 요약한다.

가장 기본적으로, 그리고 우선적으로 추구되거나 고려되는 것은 결혼과 가정이지만 '모든 경우'에 직업활동은 고려의 대상이 된다. … 직업의 이상은 가정의 이상에 가려진다. 가정은 여성에게 중심적인 삶의 가치임이 판명된다. 그 밖의 다른 목표와 가치는 그 뒤에 온다. … 기혼 여성이나 아이가 있는 여성의 직업활동은 가족이라는 관점에서만 고려된다. 여성의 직업활동은 기껏해야 비상 상황에서 가족을 물질적으로 지원하거나 부양하기 위해서만 가능하다.[2]

고등교육을 받은 젊은 여성들이 이런 식으로 가정을 우선시했다면, 고등교육을 받지 못한 동년배의 여성들에게는 그런 태도가 훨씬 폭넓게 퍼져 있었을 것이다. "아이가 커서 사람이 되고, 소녀는 커서 신부가 된다." 이것이 당시에 정해진 삶의 길이었다.

여성의 삶에 나타난 변화

1950년대와 1960년대는 이런 식으로 명확히 구별되는 성별 역할과 함께 가족이 전성기를 누렸지만 동시에 근본적인 변화의 징조도 나타나기 시작했다. 다양한 차원에서 변화가 시작되었는데, 처음에는 물밑에서 조용하게 나타나다 급속도로 중요한 의미를 획득하면서 곧 '황금

시대'의 종말을 초래했다. 이런 맥락에서 중요한 전환점이 된 사건으로는 첫 번째로 교육 개혁을 들 수 있다. 다음으로는 새로운 여성운동의 등장이 있고, 마지막으로 여성의 직업활동 증가를 들 수 있다.

먼저, **교육 개혁**에 대해 살펴보자. 20세기 초반 소녀와 여성을 위한 교육 기회가 소심하게나마 확대되었지만, 나치가 권력을 잡으며 이런 발전도 끝나게 되었다. 제2차 세계대전이 끝난 이후에도 몇 년 동안 소녀들을 위한 교육 상황은 거의 개선되지 않았고 상급 학교에는 소녀들의 수가 현저히 적었다.[3] 대학 분위기는 대체로 여성에 대한 의구심과 편견에 사로잡혀 있었고 여성에게 적대적이었다.[4]

대전환은 1960년대의 교육 확대와 함께 시작되었다. 이는 특히 종교철학자 게오르크 피히트Georg Picht가 1964년에 출판한 《독일 교육의 파국Die deutsche Bildungskatastrophe》이라는 저서에서 자극을 받은 것이었다.[5] 피히트는 독일과 다른 선진국들의 교육정책을 비교한 결과 고등학교와 대학교를 확대할 것을 강력히 주장했다. 그렇지 않을 경우 독일은 미래의 교육 요구를 충족시키지 못할 것이고 국가 간 경제 경쟁에서 자기 목소리를 내지 못하리라는 것이 그의 경고 메시지였다. 이것은 정치권과 언론에서 폭넓은 반향을 얻었다. 이런 맥락에서 피히트는 교육 참여의 사회적인 장벽, 예컨대 소녀들과 하층 계급 아이들이 처한 교육 기회의 불평등에 주의를 돌렸다. 그의 진단에 따르면 이런 상황은 시급하게 교육을 확대해야 할 이유였으며, 실제로 그의 호소는 정치적 노력과 조치를 이끌어냈다. 오랫동안 당연한 것으로 여겨졌던 소녀들의 교육 기회 불평등은 이제 사회적 문제로 인식되었다.* 소녀들은 새로운 교육적 조치들이 목표로 삼는 선호 집단 가운데 하나가 되었고** 성과가 있었다. 직업교육을 받지 않은 소녀들의 수가 현저하게 줄었던 것이다. 동시에 소녀 내지 여성 들이 고등학교와 대학교에 진학하는 수가 급속히, 그리고 기대 이상으로 증가했다.*** 불과 몇 년 후에는 사회과학자들이 그 변화의 정도가 '소리 없는 혁명'에 필적한다고 단언할 정도였다.[6]

혁명, 이 얼마나 거창한 말인가. 그런데 이 혁명이란 단어야말로 이때 시작된 발전에 정확하게 들어맞는 표현이었다. 교육의 확대가 가져온 것이 단순히 졸업장의 증가만이 아니라 훨씬 더 광범위했기 때문이다. 그것은 전기적·사회적·정치적 측면 등 여러 측면에서 행동의 가능성을 확대시켰던 것이다.[7] 지평의 확대와 더불어 여성의 인생행로는 새

---

* 새로운 정치적 관심사와 연구 정책적 관심사를 보여주는 전형적인 예가 프로스의 연구(Pross, 1969)다.

** 1969년 빌리 브란트Willy Brandt가 정부 성명을 통해 전면적인 교육 개혁을 약속했는데, 이는 특히 여성들에게 유리하게 작용했다.

*** **여성의 진학률**

	인문계 고등학교(상급반)	대학 신입생	대학생
1960년	36.5%	27.0%	23.9%
1970년	41.4%	28.8%	25.6%
1981년	49.7%	41.6%	37.6%

출처: Grund-und Strukturdaten 1982/83, 34쪽과 116~117쪽.

로운 기준점을 획득하게 되었다. 이때부터 여성의 인생행로에 새로운 문제와 전망과 목표 들이 열리는데, 그것은 가족 내부에만 제한된 것이 아니라 가정을 벗어나 한 발 더 공적이고 사회적인 영역에의 참여를 겨냥한 것이었다.

이것은 구체적으로 무엇을 의미하는가? 소녀들이 학교를 오래 다니고 무엇보다도 '여성적' 교육 내용이라는 게토에서 벗어남에 따라, 교육은 안주인과 어머니가 되기 위한 훈련에 맞춰 재단되는 것이 아니라 가정의 반경을 넘어 다른 경험 영역과 사유 형태, 전통으로 이어졌다. 또한 새로운 '고등'교육 내용은 단순한 이해를 목표로 하는 것이 아니라 능동적인 학습을 허용하고 요구한다. 마지막으로 그것은 추상화와 성찰을 가능하게 만드는 사유 형태 및 언어 형태의 습득과도 결부된다. 이 모든 것을 종합하면, 교육의 확대는 자신의 처지와 적극적인 대결을 가능하게 하고 독립성을 불러일으키는 교육 내용을 접할 기회를 열어준다는 것을 의미한다.

이런 효과는 다른 측면에서도 강화되는데, 학교에서 배우는 것은 단순히 공식적인 교육 내용의 총합, 즉 문법부터 수학이나 지리에 이르는 레퍼토리를 훨씬 넘어서는 것이기 때문이다. 많은 연구를 통해 밝혀졌듯이, 학교교육에는 공식적인 교육 내용 외에도 인성의 형성과 사회성에 대한 교육을 포함하는 일종의 '비공식 교과과정'이 포함되어 있다. 그리고 바로 이 영역에서 180도 전환이 이루어진다. 과거 '여성' 교육

과정이라는 특별 지대에 격리된 채 무엇보다도 친절과 복종과 순종을 요구받았던 소녀들은 이제 전혀 다른 기대를 경험한다. 상급 교육과정에 들어가면서 점수와 자격증을 얻기 위한 경쟁, 즉 성취의 압박과 조기 경쟁 속에 편입되는 것이다. 학교는 자신을 주장하고 자신의 의견을 관철시키며, 경우에 따라서는 다양한 속임수와 책략을 써서 앞으로 밀고 나가는 것을 배우는 장소가 된다. '나만의 인생'에 대한 요구와 강요를 위한 훈련소가 되는 것이다.

공식 교과과정과 비공식 교과과정 모두에서 180도 전환이 이루어짐으로써 교육 기회의 개선은 일상의 수많은 전투 현장에 대한 지식과 힘을 증가시킨다. 정보와 자의식과 언어 능력을 갖춘 사람은 상대가 고용주든 상사나 집주인이든 다른 사람의 규정 위반에 맞서 싸우거나 자신의 이해관계를 적극적으로 관철할 수 있다. 그리고 이는 두 사람 사이의 사적인 관계에서도 마찬가지다. 교육 기회의 균등이란 남편의 우월한 위치를 보장하고 아내의 열세를 고착하는("당신이 뭘 안다고" 따위의) 교육의 우위가 사라진다는 것을 뜻하기 때문이다. 질 높은 교육을 받은 여성은 가장 빠른 삶의 목표로 결혼이 아니라 다른 선택지를 가질 수 있다. 여성은 과거보다 훨씬 나은 기회들을 가짐으로써 내용적으로 만족스러우며 경제적으로 자신의 생계를 보장해주는 일을 찾을 수 있게 된다.

다음으로 **새로운 여성운동**에 대해 살펴보자. '제대로 된 가정'이라든가 '여성과 가정'의 관계에 대한 관념이 여전히 확고부동한 것처럼 보이는

1960년대 중반에 이미 물밑에서는 최초의 균열이 나타났다. 여기서도 결정적인 계기가 된 것은 한 권의 책이었다. 1963년에 나온 베티 프리단Betty Friedan의 《여성의 신비The Feminine Mystique》는 단시간에 페미니즘의 고전에 올랐고 엄청난 부수가 팔렸다.[8] 이 책은 좋은 교육을 받고 몇 년 간 직업을 가지면서 독립적인 삶에 많이 익숙해지고 또 그런 삶에 대한 기대가 커진 중산층 여성들을 묘사하고 있다. 이 여성들은 결혼 후 남편과 아이, 집과 가정에 매인 채 세련된 도시 중산층의 삶을 살게 된다. 이 여성들 중 다수는 자신을 잃어버리고 있다는 느낌, 나만의 삶과 내면세계가 사라진다는 느낌을 가지고 있다. 남아 있는 것은 불분명한 공허감, 프리단의 표현에 따르자면 "이름 붙일 수 없는 문제"다. 다음 인터뷰들에서 이런 사실을 분명하게 볼 수 있다.

"나 자신이 어쩐지 텅 빈 것처럼 불완전하게 느껴요. … 내가 전혀 존재하지 않는 것 같은 느낌이에요."
"문제는 내가 언제나 아이들의 엄마이거나 목사의 아내이지 결코 나 자신은 아니라는 거예요."
"남편이나 자식들, 가정 말고 다른 어떤 것을 원해요."[9]

타인을 위한 삶에서 아무런 충족감을 느끼지 못함에도 거기에 매여 있는 여성이 겪는 갈등이야말로 프리단이 찾아낸 공통분모다. 프리단은 여성들이 독립적인 인생 전망을 발전시키는 것만이 해결책이 될 수 있다고 말한다. 더이상 결혼이 인생 최고의 목표여서는 안 되며 오히려 여성들은 자기 나름의 능력을 발전시키고 투입해야 한다. "여성이 자기 자신을 발견하고 자신의 인격을 인식하기 위한 유일한 길은 남성의 경우와 마찬가지로 창조적 노동이다."[10]

이와 같은 "새로운 인생 계획"에 대한 생각이 중산층 여성에게 맞춰진 것은 사실이지만, 그럼에도 이 책의 주장은 일정한 방향을 가리킨다. 그 기본 사상을 요약하면, 여성은 더이상 타인을 위한 삶에서 장식물에 불과한 존재로 사는 것을 원하지 않는다는 것이다. 여성은 스스로 어떤 사람이 되려고 하며 스스로 무언가를 하려고 한다.

새로운 여성운동이 포착하여 도발적으로 표현한 이런 주장은 1970년대와 1980년대에 사회적으로 더 넓은 영역으로 확산되며 교육 체계와 직업세계가 발전함에 따라 더욱 강화된다. 그것은 책, 잡지, 영화, 텔레비전, 광고에서도 다양한 방식으로 변형되어 등장한다. 여기에서 불붙은 여성의 역할 및 여성과 가정의 관계에 대한 논쟁은 노동조합과 정당, 각종 단체와 교회까지 번진다. 전통적인 관념이 계속해서 존재하고 심지어 많은 집단들이 그런 전통적인 관념을 더욱 힘주어 옹호하는 동안, 그것과 나란히, 그리고 동시에 가족에 대한 새로운 이상이 나타난다. 이 새로운 가족 이상의 모토는 성별에 따른 엄격한 구분이 아니라 유연한 노동 분업, 남녀 간의 동반자의식 확대였다.

마지막으로, **여성의 직업활동**에 대해 살펴보자. 1950년대와 1960년대 초반의 지배적인 모델은 여성에게 전적으로 가정을 위한 삶, 남편과 아이들을 위한 삶을 지시했다. 반면 여성의 실제 태도는 비록 조용하고 점진적인 속도이기는 했지만 이미 변화하기 시작했다. 우선 독일을 비롯한 선진국에서는 기혼 여성의 직업활동이 크게 증가한다.* 여성들이 결혼 전까지만 직업을 가지는 경우는 점점 줄어들고 첫아이를 출산할 때까지 일을 하는 경우가 많아진다. 그리고 몇몇 여성들은 아이가 자란 다음에 다시 일을 시작하기도 한다. 전면적으로 나타난 것은 아니지만 '3단계 모델' 프로그램과 결합된 '여성의 이중 역할' 모델이 처음으로 나타났다. 알바 뮈르달Alva Myrdal과 비올라 클라인Viola Klein에 의해 1956년에 소개된 이 설계[11]는 그 후 토론이 이어지면서 중심적인 척도로 발전했다. 이는 첫아이를 낳을 때까지 직업활동을 하는 단계, 그다음 10~15년간의 가정 단계, 그러고 난 뒤 다시 직업을 가지는 단계로 여성의 인생행로를 나누는 것이다.

당시에는 여성의 역할에 대한 생각을 바꾸기 위한 강령적 설계처럼 보였던 것이 몇 년 후에는 현실로 이루어지게 되었을 뿐 아니라 앞질

---

* 직업을 가진 여성의 비율은 꾸준히 증가했다. 가장 큰 변화는 결혼한 여성에게서 나타난다. 1982년에는 25~30세 기혼 여성의 56.8퍼센트(1961년에는 40.4퍼센트), 30~40세 기혼 여성의 53.8퍼센트(1961년에는 36.6퍼센트), 그리고 40~45세 기혼 여성의 52.8퍼센트(1961년에는 37.7퍼센트)가 직업을 가졌다(Frauen in der Bundesrepublik Deutschland, 1984, 21쪽).

러 나간 경우도 드물지 않았다. (독일 등 선진국에서) 두 번째 단계에서의 직업활동 역시 증가했기 때문이다.* 이처럼 20~30년이 지나는 동안 우선순위가 변하여 직업활동은 점점 더 많은 여성에게 단순한 중간 단계 이상이 되었다. 1980년대 초에 이미 사회학자인 안겔리카 빌름스 Angelika Willms는 이렇게 썼다. "여성이 직업을 가지지 않는 것은 예외적인 상황이 되었다. 그것은 어린아이들을 양육하는 시기에 국한된다."[12]

이런 변화 역시 소리 없는 혁명에 필적한다. 교육 기회의 확대와 비슷하게 직업활동의 증가도 개인의 전기에 매우 광범위한 변화를 초래하기 때문이다. 여성 삶의 맥락 속에서 직업활동이 당연한 것이 되면서 점차 그 의미도 달라졌다. 직업활동이 단순히 비상 상황에 대비하기 위한 안전장치가 아니라 점점 더 삶의 본질적인 부분이 됨에 따라 노동의 내용적 동기가 더욱 중요해졌다. 과거에는 많은 여성들이 살기 위해 일해야 했다면 이제는 자신의 관심사와 능력을 일에 투여하는 것이 중요해졌다.

동시에 직업활동은 돈을 가져다준다. 나만의 돈은 나만의 소망과 계획을 가능하게 해주며 '바깥세상'으로 들어가는 입장권이 된다. 돈은 자기 행동의 중요성을 입증하는 증거이기도 하다. 가정에서의 노동과

---

* 18세 이하 자녀를 둔 기혼 여성의 직업활동 비율은 1961년 33.2퍼센트에서 1982년에는 44퍼센트로 증가했다(Frauen in der Bundesrepublik Deutschland, 1984, 21쪽).

달리 직장에서의 노동은 은행 계좌에서 매달 확인할 수 있는 유형의 물질적 결과를 가져다준다. 이처럼 자기가 번 돈은 아주 직접적이고 실제적인 방식으로 노동 및 성과의 가치를 보여주며 지배적인 척도에 따른 자기확인과 인정을 건네준다. 직접적인 사회 영역에서 자기주장과 힘을 가질 수 있게 해주는 것이다. "돈을 버는 사람이 결정한다." 다시 말해 자신의 돈벌이로 가정의 수입에 기여하는 여성은 휴가지를 선택하는 일부터 거실 소파의 색을 결정하는 일까지 자기 의사를 밝힐 수 있다. 그들은 가족의 결정 과정에서 좀더 강력한 지위를 가진다. 그들은 가족 부양자라는 의식을 통해 일정 정도 독립성을 획득하며, 또한 다른 식구들이 그들의 직업활동에서 경제적 이득을 얻기 때문에 가족에게 좀더 존중과 협조를 얻을 수 있다.

나아가 여성들은 직업세계에서 새로운 형태의 자아 확인과 자의식을 경험할 수 있다. 특별히 수준 높은 노동만이 아니라 중간직과 하위직에서도 마찬가지다. 여기서 중요한 것은 그런 노동에서 생겨나는 자기만의 성취감과 자부심이다. 이들에게 직업활동은 "사회생활에 참여한다"는 뜻이기도 한데, 이것은 어떤 "의미 있는 일"을 한다는 것과 자기 일이 있다는 것을 의미한다. 공장 여성 노동자들에 관한 연구에 따르면, 이들 대다수에게 노동이란 "단지 힘들고 소모되기만 하는 것이 아니라 능력을 계발하고 자신감과 독립성을 증가시키는 것"[13]이기도 하다.

자녀교육의 변화

교육학 이론에서도 또다시 전환이 이루어지면서 아이에 대한 노동이 새롭게 강조된다. 이전에는 아이의 육체적이고 정신적인 성장을 돌보는 일 못지않게 아이를 사회와 부모가 규정한 조건에 맞추는 일 또한 중요했다. 그러다 폭넓은 영향을 미치는 새 구호가 등장하여 처음에는 소수 집단에 국한되어 있다가 대중 과학서들이 단기간에 다량으로 보급되면서 점점 넓은 계층으로 퍼져나간다. 그리고 1960년대 이후에는 가족의 일상생활 속에 완전히 파고든다. 현대 교육 전문가들이 제창한 이 새로운 명령은 아이의 능력을 최대한 지원해주라는 것이었다.

지원에 대한 요구는 이미 19세기에 나왔던 것이지만 다양한 발전 경향과 어우러지며 더욱더 촉진된다. 제일 먼저 새로운 진전이 이루어진 곳은 의학과 심리학과 교육학으로, 이에 따르면 아이는 점점 더 만들어질 수 있는 존재가 된다. 20세기 초까지만 해도 운명으로 받아들여야만 했던 신체장애가 점차 치료할 수 있고 교정할 수 있는 것이 된다. 심리학에서도 1960년대에 새로운 연구 방향이 나타난다. 이 새로운 경향은 유아기의 중요성을 더욱 힘주어 강조하면서 그 시기에 지원을 소홀히 하는 것은 아이의 발전 기회를 빼앗는 것이라고 보았다. 또 1960년대에는 평균 수입이 증가하면서 부의 증가가 당대의 기본적인 경험이 된다. 그리하여 이전에는 소수 계층에서만 가능했던 아이에 대한 지원이 폭넓은 집단에서 가능해진다. 마지막으로 정치적 차원에서는 더 많은 아동과 청소년을 고등교육기관에 보내기 위한 교육 선전이 시작된다.

이와 유사한 조건들의 결과로 문화적인 압력이 거세어진다. 어쩌면 결함이 있을 수도 있는 아이의 육체적이고 정신적인 속성을 있는 그대로 받아들여서는 안 된다는 것이다. 아이는 다양한 노력을 기울여야 할 목표가 된다. 가능한 한 모든 결함이 교정되어야 하며(더이상 사시나 말더듬이, 야뇨증은 없다), 가능한 한 모든 소질이 계발되어야 한다(피아노 교습, 어학연수, 스키 강습이 호황을 누린다).

이 모든 것은 아이에게 유용할 수 있다(또는 아닐 수도 있다. 은혜가 언제 고통이 될지 누가 알겠는가). 확실한 것은 부모, 특히 어머니의 지속적인 개입이 요구된다는 점이다. 과거에는 함께 사는 친척, 손위 형제자매, 하인 등 부모 외에도 아이를 돌볼 사람들이 있었지만 20세기 중반에는 육아 노동이 점점 더 어머니에게 집중된다. 또한 이 시기에는 아이를 위해 어머니가 가능한 한 옆에 있는 것을 요구하고, 다른 형태의 육아는 비정상적이거나 해롭다고 꼬리표를 붙이는 심리학 이론이 막강한 영향력을 획득한다.[14] 이 이론의 기본 사상은 아이가 건강하게 성장하기 위해서는 확실한 준거 인물이 필요하며, 그것은 어머니여야 한다는 것이다. 이런 역사적 경향은 다음과 같은 명령조의 문구로 옮길 수 있다. 아이는 어머니를 필요로 한다는 것이다. 이런 경향은 지지되고 강화되며 학문을 통해 드높여지고 대중 과학을 통해 확산된다.

따라서 그 어느 때보다도 더욱 어머니가 요구된다. 그리고 더 많은 '정보 노동'을 수행하는 것이 어머니의 새로운 과제가 된다. 교육학, 심리학, 의학의 진보로 점점 더 많은 지식이 생산되며 언론을 통해 점점 더 많은 집단에 다가가게 되는데, 아이의 행복을 위해 이런 지식을 습득하고 활용하는 사람이 '좋은' 어머니/부모로 간주되기 때문이다. 이론의 그물이 아이에게 던져지자 그 그물에 어머니까지 잡힌 것이다.

아이가 무슨 옷을 입어야 할지, 언제 누구와 함께 어디로 휴가를 가야 할지, 무슨 음식을 먹어야 할지, 너무 작거나 크지는 않은지, 너무 시끄럽지는 않은지, 너무 조용하지는 않은지, 너무 소심한 것은 아닌지, 너무 반항적인 것은 아닌지, 교육이나 학교 문제와 관련된 어떤 문제에 대해서든 어디서나 같은 조언을 듣게 된다. 의사한테 물어보라는 것이다. … 경험은 무의미해지고 자기 부모나 할머니의 지적은 현대적인 이론가들의 지식 수준에 미치지 못한다. 육아는 과학이라 선언되었고, 따라서 대학에서 연구되고 배울 수 있으며 무엇보다도 가르칠 수 있는 것이 되었다.[15]

물론 정보만으로는 충분하지 않다. 중요한 것은 정보를 활용하는 것이다. 이는 아이와 아이의 발전을 위한 다양한 "지원 노동"을 의미하는데, 그렇게 하는 이유는 아이가 특정한 의미에서 "만들어질 수 있는" 존재가 되었기 때문이다. 도대체 누가 무엇을 만든다는 것인가? 미리 예방하거나 자연스러운 발달을 교정하기 위해 전문가들을 불러오는 일이 예전에 비해 훨씬 빈번해졌다. 전문가들은 예방주사부터 교정체조 처방에 이르기까지 그들의 직업적 과제를 수행한다. 그러나 본래 의미대로 '불려오는' 것이 아니라 환자가 직접 찾아가야만 한다. 이때 어린아이 혼자서 찾아갈 수 있겠는가? 암묵적으로 발생하는 사전 및 사후 노동은 누가 담당한단 말인가? 누가 아이를 치과나 교정체조를 받는 곳에 데리고 갈 것이며, 누가 아이와 함께 대기실에 앉아 있고 때맞춰 약을 먹일 것이며, 또 이 훈련에서 저 훈련으로 데리고 다닐 것인가? 야단을 치거나 단계별 연습을 시키거나 통제를 함으로써 가정에서 학습 성취를 보장하는 일은 또 누가 한단 말인가? 이런 일은 대부분 어머니들이 하는 것이다.

사실 어머니들은 그보다 더 많은 일을 한다. 왜냐하면 전문가에게 직접 문의할 필요가 없는 폭넓은 육아 영역 역시, 교육학이 조용하지만 영향력 있게 지배하고 있기 때문이다. 여기서 새로운 활동이 등장하는데, 바로 아이의 발전을 위해 어머니가 조력자 역할을 하는 것이다. 전에는 자연스럽게 이루어지던 많은 것들이 이제는 성공이라는 목표를 위해 양육자가 신중하게 도입하고 의식적으로 주의를 기울여야 하는 활동이 되었다. 지침서들은 아이가 세상 속으로 성장해나가는 것과 세상을 발견하는 과정을 여러 '기능들'로 세분하고, 교육학의 안내를 받아 정확하게 계산하여 뒷받침해야 하는 것으로 만들었다.

사회사학자인 드 모스^{de Mause}는 새로운 교육 형태에 대해 다음과 같이
말한다.

특히 처음 6년 동안은 지극히 많은 시간과 에너지와 토론 자세를 요구한다.
어린아이가 매일매일의 목표를 달성하도록 도와준다는 것은 끊임없이 아이
에게 관심을 기울이고 아이와 놀아주며 아이의 퇴행을 너그럽게 봐주고 아
이한테 시중을 받는 대신 시중을 들며 아이의 정서적 갈등을 해석하고 발달
에 필요한 대상들을 아이가 마음대로 쓸 수 있게 하는 것을 의미한다.[16]

'자연발생적인 유년기'가 점점 종말을 맞이하고 대신에 '유년기의 연
출'이 시작되었다. 아이를 에워싼 추천과 활동의 소용돌이 속으로 어머
니가 점점 더 깊이 들어갈 때 어머니의 개인적 성향은 별로 중요하지 않
으며, 어쩌면 어머니의 노이로제 또한 별로 중요하지 않다. 이처럼 연
출하려는 생각은 매우 객관적인 근거를 가지는데, 바로 현대사회가 사
회적 유동성을 근본원리로 하는 업적 사회로 알려져 있기 때문이다. 과
거에는 엄격하게 경계가 정해진 동시에 안전이 보장되었다면, 이제는
신분과 계급의 제약이 약해진 만큼 교육과 지원이 "지위를 유지하기 위
한 노동"[17]의 한 부분으로서 더욱 중요해졌다. 개인적인 노력을 통해 사
회에서 자기 자리를 지켜야 한다는 압박감이 필연적으로 아이들의 방
안까지 전파된다. 육아는 상승에 대한 바람과 하강의 위협 사이에 꼼짝

없이 매여 있다.

작가 존 스타인벡John Steinbeck은 이런 경향을 문학적으로 함축성 있게
묘사한다.

아이가 부모와 똑같거나 부모처럼 살아야 한다는 사실이 갑작스레 도저히
받아들일 수 없는 것이 되어버렸다. 아이는 더 나아야 하며 더 잘살아야 하
고 더 많이 알아야 하며 더 잘 차려입어야 하고, 가능하면 아버지가 하던 수
공업이 아니라 전문직을 가져야 했다. 이런 감동적인 꿈은 온 나라로 퍼져
나갔다. 부모보다 나을 것을 아이에게 요구했기 때문에 아이는 고삐로 죄인
채 이리저리 끌려다니면서 감탄과 벌, 아양과 강요를 받아야 했다.[18]

요약하면, 고도 산업사회에서 아이를 돌보는 일은 가사의 기계화 및
일회용 기저귀와 이유식 같은 기성 제품 덕분에 육체적으로 다소 간단
해졌다. 그러나 유년기의 발견은 새로운 주제와 과제의 발견을 가져왔
다. 과거에 신의 선물이거나 때로 원치 않는 짐이 되기도 했던 아이는
오늘날 부모, 특히 어머니에게 "다루기 어려운 대상"[19]이 되었다.

교육의 일상을 더욱 힘들게 만드는 또다른 사실이 있다. 아이 위주
의 사회라는 이미지는 알다시피 절반의 진실일 뿐이다. 1960년대는 재
건과 경제 기적의 결과로 기계화·도시화·합리화가 심화되고 점점 넓
은 영역으로 확산되었다. 이는 가정과 부모 자식 관계에도 직접적인 영

향을 미친다. 고도 산업사회의 생활 세계는 여러 면에서 아이에게 알맞지 않으며, 심지어 객관적 구조상 아이에게 적대적이기까지 하다. 효율성과 업적, 정확성과 계산 가능성, 질서와 조직 같은 것들이 기술과학 문명의 원리이며, 이는 점점 더 일상 세계에도 파고든다. 하지만 아이들은 다르다. 예측 가능하지도 않고 합리적이지도 않다. 아이들은 나름의 생활 리듬을 가지고 있어 아주 제한적으로만 정해진 도식에 맞출 수 있다. 아이들은 즉흥적이고 제어하기 어렵다. 한마디로 생기 넘치고 호기심과 발견의 기쁨, 움직이려는 충동으로 가득 차 있다. 따라서 슈퍼마켓에서든 도로 교통에서든 아이들은 "훼방을 놓는다". "아이들의 방은 원시와 문명이 만나는 지점이다."[20] 다른 말로 하면 태고Urzeit와 시간 Uhrzeit의 충돌인 것이다.

사회가 아이의 자연스러운 욕구를 가로막을 경우 양육자는 개인적인 노력을 통해 계속 균형을 맞춰야 한다. 사소한 것처럼 보이는 한 가지 예를 들어보자. 국가의 지원을 받은 교육 안내 책자에는 "아기들은 공기와 빛을 필요로 한다"[21]라고 경고한다. 그러나 도시의 협소한 주거 환경에서 공기와 빛을 찾기란 힘든 일이다. 어머니들은 아이를 그냥 되는 대로 내버려둬서는 안 되며 공기와 빛을 받을 수 있도록 신경을 써야 한다. 그래서 매일같이 아이를 데리고 나가야 하는데, 그러기 위해서는 무엇보다도 자신이 직접 뛰지 않을 수 없는 것이다. 앞에서 인용한 교육 안내 책자에서는 이에 대해 다음과 같이 말하고 있다.

당신의 아기는 생후 3주부터 실외에 있는 것에 익숙해져야 한다. … 당신이
발코니나 조용한 정원을 가지고 있지 않다면 **규칙적으로 아이를 매일 세 시간
정도** 밖으로 데리고 나가야 한다.[22]

아이에게 적대적인 사회는 언제나 어머니에게도 적대적이다. 어머
니의 노동을 힘들게 만들기 때문이다. 오늘날 '평범한' 생활 세계는 아
이에게 그다지 적합하지 않기 때문에 아이들은 '보호지구' 안에 격리되
어야 한다. 예컨대 유아용 놀이 울타리나 방이나 놀이터 같은 데 말이
다. 이렇게 울타리를 치는 것은 아이를 보호하기도 하지만 자유로운 발
달을 가로막기도 한다. 울타리를 침으로써 가로막힌 자연스러운 발달
을 의도적인 교육학적 행위로 다시 자연스럽게 만드는 것이 어머니의
과제다.

오늘날 어머니들은 아이 위주의 사회에 살고 있으며, 이 사회의 목표
는 '최선의 지원'이다. 동시에 어머니들은 객관적 구조상 아이에게 적
대적인 사회에 살고 있다. 각각을 분리시켜 본다면 아이를 돌보는 일에
이전보다 훨씬 더 많은 노동이 소요됨을 의미한다. 그리고 두 가지를
합치시키는 것은 대체로 불가능하다. 균형을 맞추고 보완하려고 아무
리 애를 써도 아이를 의식하는 사회의 이상적인 가치와 아이에 적대적
인 사회의 객관적인 현실은 많은 점에서 합치될 수 없기 때문이다. 아
이를 키우는 사람은 고도 산업사회라는 삶의 조건 아래서가 아니라 오

직 그런 조건에 반대해서만 자신의 노동을 수행할 수 있다. 그들은 수많은 전선에서 사방으로부터 압력을 받는 '샌드위치 같은 위치'로 떨어진다. '욕구에 맞는 지원'이라는 근사한 지도 원칙을 염두에 둔 어머니들은 여러 가지 점에서 아이의 욕구를 허용하지 않는 주변 세계와 투쟁을 벌이지 않을 수 없다.

이를 조금 과장하면 오늘날 어머니들은 불가능한 임무를 위임받았다고도 말할 수 있을 것이다. 한편으로는 교육노동의 목표가 점점 더 높게 설정되어 '최선의 지원'을 요구하지만, 다른 한편으로는 여러 가지 점에서 목표를 달성하기 위한 조건이 불리해졌기 때문이다. 그리하여 근사한 요구와 실현 가능성의 균열은 점점 더 커지게 된다.

6장

제2차 출생률 감소의 시작

앞에서 보았듯이 1950년대와 1960년대는 여성의 삶에서 변화가 시작된 한편, 아동 교육에서도 변화가 시작되었다. 이로써 우리는 결정적인 질문에 다다른다. 이런 변화는 아이를 가지려는 소망에 어떤 영향을 미치는가?

이를 위해 먼저 아이를 가지려는 소망의 역사를 고찰해보자. 3장에서 살펴보았듯이 산업화 이전의 사회와 19세기의 부르주아계급에서는 결혼과 출산이 직접적으로 연결되어 있었다. 산업화 이전 사회에서는 아이가 노동력이자 상속자로서 이용되었고, 그 후에는 출산이 '여성적 본질'을 충족시키는 것으로 정의되었다. 가족을 이루기 위한 물질적 전제가 충족된 경우에 임신, 출산, 육아는 정해진 길이었던 것이다.

최초로 변화가 시작된 것은 19세기 말이었다. 아직까지 여성들은 대체로 아주 소심했지만 자기발전을 주장하기 시작했다. 이 당시에는 가정 바깥에서 얻을 수 있는 삶의 가능성이 거의 없기 때문에 계속 결혼은 인생의 목표로 남아 있었고, 아이들은 당연히 결혼에 속하는 것이었다. 그러나 가정 내에서 더 많은 자유의 공간을 얻으려는 요구가 생겨났고, 그와 더불어 산아제한을 추구하게 만드는 새로운 동기가 등장한다. 반복되는 임신으로 급속하게 불어나는 아이들이 더욱 세심한 보살핌까지 요구함에 따라 여성들은 자신의 힘을 소진시키는 무자비한 생물적 리듬을 거부했다. 물론 거부의 목소리는 낮았고 사적인 형태에 국한되어 있었으나 영향력이 아예 없지는 않았다. 출생률이 내려가기 시작한 것이다.

그러나 당시에 문제가 되었던 것은 자녀의 수뿐이었지 아이를 가진다는 사실 자체는 문제시되지 않았다. 몇십 년 전까지만 해도 대부분 여성들에게 아이를 가진다는 것은 "문제되지 않았고 당연한 것이었다".[1] 이들의 인생행로 단계를 고찰해보면 하나의 전형적인 틀이 발견되는데 "그렇게 되어 우리는 결혼을 했고 곧 첫아이를 얻었다"라는 식이다.[2]

"나는 아이들을 그렇게 아무 생각 없이 낳았어요. 그저 마땅히 해야 하는 일이었기 때문이죠. 오늘날 젊은 여자들이 … 아이를 가지는 문제에 대해 깊이 생각해본다는 말을 하거나 또 많은 이들이 아이를 가지지 않겠다는 말을 하는 걸 보면 이해할 수 있을 것 같아요. 그렇다고 내가 아이들을 원하지 않았다는 말을 하려는 건 아니에요. 분명히 아닙니다. 하지만 때때로 스스로에게 묻곤 하지요. 만약 지금 내게 결정권이 있다면 그렇게 무조건 아이를 가져야 한다고 생각할까 하고 말이에요. 확실히 그렇다고 말하지는 못하겠어요."[3]

새로운 상황: 아이를 가지려는 소망

새로운 단계가 시작되는 것은 1960년대 중반 무렵이다. 처음으로 폭넓은 집단의 여성들에게 가정이 없는 인생, 남편이 없는 인생, 자식이 없는 인생이라는 일종의 선택 가능성이 생긴다. 처음으로 '나만의 인생'이 제공하고 요구하는 것과 '가족을 위한 삶'이 요구하고 약속하는 것을 비교할 기회가 생긴 것이다. 그 결과 전형적인 진행과 단계와 목표를 지닌 평범한 여성 일대기가 가진 통일성이 깨지고 다양성이 나타난다. 전통적인 분위기와 삶의 형태들이 온존하는 반면, 그 옆에 다른 지향과 규정을 따르는 집단들도 성장한다. 나만의 인생에 관련된 기대와 경험이 여성의 '사회적 특성'의 일부이자 인격체의 일부가 된다. 그럼으로써 그런 기대와 경험은 여성들이 사물을 바라보는 척도, 예컨대 남편과의 관계라든가 아이와의 관계 등을 바라보는 내적인 척도가 된다.

여기에 1961년 섹슈얼리티와 생식의 역사에서 새 시대를 여는 사건이 일어난다. 바로 경구피임약이 출시된 것이다. 대중매체는 피임약이 출생률 감소의 원인이라고 떠들고, 이내 "피임약 효과 Pillenknick (피임약으로 출생률이 급감하는 현상―옮긴이)"라는 용어가 대중의 입에 오르내린다. 학문적 논의에서는 그런 생각이 지나치게 피상적이고 단순화된 것이라고 말한다.[4] 피임약은 단지 목적을 위한 수단일 뿐이며, 수단이라는 것은 그에 상응하는 목적과 소망과 동기가 존재하는 경우에만 사용되는 것이기 때문이다. 그런데 앞에서 살펴본 것과 같이 1960년대 여성의 삶에 커다란 변화가 생김으로써 실제로 새로운 동기가 나타났다. 이렇게 본다면 언론이 핵심을 제대로 짚은 것이다. 피임약이 출생률 감소를 야기한 것은 아니라 해도 본질적으로 출생률 감소에 기여한 것은 사실이다. 피임약을 사용할 수 있게 된 시점에 여성의 삶의 목적 또한 변화했기 때문이다. 정확히 그 시점에서 수단과 목적이 일치했던 것이다. '나만의 인생'이라는 배경에서 산아제한이라는 동기가 나타나는데, 이제는 거기다 피임약이라는 기술적 가능성까지 존재하게 된 것이다.

이처럼 새로운 상황이 형성되면서 여성의 인생과 어머니 되기가 직접적으로 연결되어 있던 상태가 해체된다. 서로 다른 이상들과 새로운 선택 가능성들이 경쟁함에 따라 그런 연결이 약화되고 부분적으로는 깨지기 시작한 것이다. 아이를 가지는 일이 당연시되지 않으면서 역설적인 효과가 나타난다. **아이를 가지는 것이 소망인 동시에 의문이 된 것이다.**

어머니가 되는 일이 사회적 규정과 생물학적 강제에서 벗어나게 된 때에야 비로소 진정한 결정 상황이 생겨난다. 여성은 드디어 아이를 가질 것인지 말 것인지를 결정할 수 있게 되었다. 말하자면 '노'라고 말할 수 있는 상황이라야 의식적인 '예스', 즉 개인적으로 아이를 원하는 것 역시 존재할 수 있는 것이다. 동시에 과거에는 여성 본연의 소명이었던 것이 지금은 하나의 의문이 되었다. 그것은 나만의 인생에 대한 요구와 압박에서 생겨나는 다양한 종류의 심사숙고와 계획에 열려 있는 문제가 되며, 이를 토대로 아이를 가지는 것의 내용과 요구 사항을 고찰하게 된다. 현재 상황과 장기적인 인생 계획, 예컨대 직업교육의 요구라든지 직업에서의 요구, 배우자와의 관계 등과 어떻게 아이를 조화시킬 것인지 저울질하게 된다. 그러니까 아이를 가질 것이냐 말 것이냐, 지금 가질 것이냐 나중에 가질 것이냐, 아이를 가질 경우 어떻게 역할 분담을 할 것이냐, 여성이 양육을 담당해야 하느냐, 아니면 남성도 무언가를 맡아야 하느냐, 맡을 수 있느냐, 맡을 생각이 있느냐 등의 질문이 생기는 것이다.

이처럼 결정 상황이라고 불리는 것은 종종 장기간에 걸친 결정 과정이 된다. 19세기 말에 살짝 징조가 나타났던 의문은 이제 여러 집단에서 점점 더 공개적으로 등장한다. 그 근본 내용은 어머니 노릇을 나만의 인생에 대한 요구 및 강요와 어떻게 일치시킬 것인가 하는 것이다.

한 조각 독립성을 지키기

1950년대와 1960년대 초반에 나타난 변화의 첫 징조가 물밑에서 조용하게 작용했다면, 1960년대 중반에는 변화가 본격적으로 시작되어 그 이후 급속하게 진행된다. 출생률이 점차 감소한다는 인상을 대중이 받기 시작한 가운데 1970년대와 1980년대에는 아이를 가지려는 소망과 관련된, 그리고 그것을 방해하는 것들을 파악하려는 수많은 연구와 인터뷰와 체험기가 등장한다. 그 안에서는 흔히 비슷한 기본 동기들을 찾아볼 수 있다. 점점 더 많은 여성들에게 더는 은밀하고 조용한 질문이 아니라 공공연하고 직접적이며 결정적인 질문이 되는 것은 한 조각 개인적 독립을 지킬 수 있을 것인가, 그것도 아이가 있는 어머니로서 지킬 수 있을 것인가다. 한 판매직 여성이 인터뷰에서 한 말은 이를 단적으로 보여주는 모토가 될 수 있다. "단지 엄마이기만 한 삶을 원하는 사람들은 이제 없어요."[5] 한 체험기에서는 더욱 직접적으로 표현된다. "나는 둘 다를 원한다. … 어머니의 의무에서 자유로운 공간과 아이 둘 다를."[6]

해당 연구들을 살펴보면 그런 발언들의 의미가 무엇인지를 더욱 정확하게 규정할 수 있다. 경험적인 결과들을 통해 계층에 따라 출산을 가로막는 장애 요인이 다르다는 사실을 알 수 있다. 교육 수준이 높을수록 경제적인 고려는 별로 큰 역할을 하지 않는다. 그 대신 아이로 인한 사회적 제약, 그러니까 개인적인 자유의 감소나 직업과 여가 시간의 제약 등이 전면에 부각된다.[7] 그러나 경제적 동기와 독립을 원하는 마음을 이처럼 대립시키는 것은 매우 피상적인 차원에 머무르는 것이다. 어머니가 됨으로써 발생하는 경제적 종속이 사회적 종속으로 이어지고, 따라서 이 두 가지는 직접적인 관련이 있기 때문이다. 경제적 종속과 사회적 종속이 서로 얽혀 있는 현실에서 여성이 돈에 대해 이야기할 때 그것은 결코 돈만을 의미하지 않는다. 이와 반대로 경제적인 문제 때문에 아이를 낳지 못한다고 말하는 경우에도 종종 그 이면에는 독립에 대한 소망이 있는 경우가 많다. 이처럼 아이가 없는 여성들은 전업 주부와 어머니 노릇을 하느라 돈을 벌지 못해서, '내 돈'이 없어서 사소한 바람조차도 남편과 남편의 벌이에 의존하게 될 것을 두려워한다. 돈은 여성에게 소비 가능성만을 의미하지 않으며, 오히려 여성의 독립을 보여주는 표시다.

여성들은 이렇게 말한다.

"내가 남자 친구의 돈으로 옷을 사야 하고 디터에게 옷값까지 말해줘야 한다고 상상하면 아주 암담해져요. 내가 뭔가를 샀을 때 처음에는 그에게 실제 가격보다 싼 가격을 댔죠. 하지만 나중엔 그가 나로 하여금 거짓말을 하지 않을 수 없게 만든다고 분명히 밝혔어요. … 하지만 아이가 생겨서, 그리고 가사와 아이 모두를 책임지느라 돈이 없게 되면 그땐 어떻게 하죠?"(미용사).

"내 남편은 아무 거리낌 없이 돈을 써요. 자신이 돈을 써야 한다고 생각하면 바로 써버리죠. 지금 난 마음대로 내 돈을 쓸 수 있어요. 하지만 만약 내가 경제적으로 남편에게 종속되어 있다면 우리가 쓰는 돈은 남편의 돈이 될 테고, 나한테 돈이 생긴다 해도 그건 우리 돈이 아니라 남편 돈일 거예요. 언젠가 남편에게 물어본 적이 있어요. 만약 내가 집에 있게 되면 재정 전망이 어떻게 되느냐고요. 그럴 경우 내가 생활비와 용돈을 받을 수 있느냐고 말이죠. … 그러자 남편은 깜짝 놀라더군요. 남편은 자기 혼자 충분한 돈을 벌고 있으니 나한테 돈을 나누어줄 수 있을 거라고 생각하더라고요. … 나는 스스로에게 말했어요. 그러니까 너도 직접 돈을 벌어야만 잘 지낼 수 있다고 말이에요. 그런데 아이를 가질 것이냐 하는 문제는 항상 경제적인 것과 관계가 있거든요. 아이들이 있으면 동반자 관계는 끝장이 날 거예요"(비서).[8]

자녀 하나를 둔 어머니에게 아이를 더 낳을지 말지 결정하는 동기를 묻는 연구에서도 경제적인 동기의 이면에 조금 더 많은 독립을 바라는 마음이 들어 있다는 사실이 나타난다. 아이를 더 낳지 않겠다는 이유로 경제적인 이유를 댄다면, 많은 경우 그런 이유가 사회적으로 받아들여질 수 있는 것이고 공격 대상이 덜 되기 때문이라는 사실도 알 수 있다. 이는 특히 남녀의 이해관계가 다른 경우에 유리하다. 왜냐하면 전업주부의 경우 아이를 더이상 원하지 않을 때 그 생각을 관철시키기가 특히 어렵기 때문이다. "그들은 경제적인 이유를 댈 수밖에 없는데, 그것이 남편을 가장 쉽게 설득하는 방법이기 때문이다."[9]

둘째 아이를 낳지 않겠다고 말한 전업주부 중 거의 모두가 대가족에 반대하는 근거로 경제적인 문제를 든다. 하지만 이런 이유가 가족이 둘째를 키울 능력이 없다는 사실을 의미하는 경우는 별로 없다. 이런 여성들 중 절반가량은 자기 소유의 집에서 살고 있다. 오히려 그들이 근거로 대는 경제적인 고려는 ⋯ 더 우선이 되는 다른 것을 암시하고 있다. 다시 말해 여성들이 인생에서 스스로 뭔가를 가지길 바란다는 것, 이를테면 남편에게서 경제적 독립을 획득하고 자신의 출신 가정보다 더 높은 생활수준을 자기 자신과 아이에게 보장하길 바란다는 것이다.[10]

계층에 따라 다르게 표현될 수 있겠지만 근본적인 경향은 분명하다. 점점 더 많은 여성들의 생각이 개인적 독립에 맞춰지고 있다. 이는 다음과 같은 세 가지 예에서 단적으로 드러난다. 첫 번째는 **일자리를 잃은 여성**의 상황이다. 이런 경우 사람들의 지배적인 생각은 여성이 노동시장이라는 험난한 길에서 가정주부이자 어머니의 삶으로 '피할 수 있다'는 것이다. 그러나 1980년대 초에 이미 해당 연구들은 다른 그림을 그려 보였다. 일자리를 잃은 실업계 여학생들에 대한 연구를 보자.

많은 소녀들이 실업 상태 때 다른 사람에게 의존하거나 종속되어 있던 경험이 바탕이 되어 가정으로 돌아가 남자 친구나 남편이 벌어오는 돈으로 '먹고산다'는 것에 매우 회의적인 견해를 가지고 있다.[11]

대학을 나온 여성 실업자들에 관한 1980년대의 연구 결과는 더욱 분명하다. 이에 따르면 실업 상태의 여성은 아이를 가지고 싶은 마음이 강해지는 것이 아니라 오히려 의식적으로 그 생각을 밀어낸다. 지금도 일자리를 구하는 것이 어려운데 아이가 생기면 아예 가망이 없어지지 않을까, 자신의 힘으로 서는 일이 불가능해지지 않을까 하는 두려움을 가지기 때문이다. "대부분 여성들에게 실업은 아이를 가지는 계기가 되기는커녕 오히려 핵심적인 장애 요인이 된다."[12]

"그래요. 그건 단순히 경제적인 문제가 아니라 심적 갈등이에요. 문제는 내가 직업에서 완전히 배제될지도 모른다는 점이에요. 지금 아이를 가지게 되면 직업을 가지겠다는 생각은 저 뒤로 보내버려야 할 테죠. 지금 같은 노동 시장 상황에서 그건 자살 행위라고 생각해요. 그러니까 아이를 가지려면 그 결과가 어떨지 분명히 인식하고 더이상 직업을 가지지 못할 거란 사실을 받아들일 수 있어야만 할 거예요. 나는 그러고 싶지가 않아요."

"지금 이 순간 시간은 있지만 모든 게 매우 불안정해요. 실업 상태에서는 결정을 내리기가 어려워진다고 할 수 있죠. 결혼해서 아이를 낳고 남편에게 의존하는 통상적인 길을 걸어갈 준비가 되어 있지 않다면 말이에요. 그런데

난 그렇게 하고 싶지 않아요. … 그러니까 결코 누군가가 나를 보살피도록 만들고 싶지 않은 거죠."[13]

두 번째 예는 **마음속으로 자신을 어머니와 비교**하는 경우다. 아이 가지기를 주제로 한 인터뷰와 체험기에서는 이와 같은 사실이 눈에 띈다. 아이를 가질 것이냐 말 것이냐에 대한 결정은 본질적으로 어머니에 대한 이미지, 즉 어머니가 살았던 인생, 아니 오히려 어머니가 살지 못했던 인생에 대한 생각의 영향을 받는다. 그런 생각은 가난한 환경에서 태어난 여성들에게서 더욱 분명하게 발견된다. 예컨대 한 자녀를 둔 가정에 대한 연구에 따르면, "특히 하층 계급 출신의 여성들에게 '인생에서 아무것도 가지지 못하고' '언제나 일만 했던' 어머니의 모습은 따라 할 만하지 않은 것"[14]으로 여겨진다.

5남매를 둔 전업주부였던 어머니에 대한 M 씨의 말과 교육을 받지 못한 여공으로 자식을 많이 낳았던 어머니에 대한 D 씨의 말도 들어보자.

"어머니는 언제나 집안일과 아이들밖에 없었어요. 늘 아이들과 남편만을 위해 살았죠. 요리하고 청소하고 설거지하고 다림질하고. 다른 건 아무것도 보지 못하고 살았어요. 그러니까 저는 어떤 경우에도 그런 처지는 되고 싶지 않아요, 결코"(M 씨).

"어머니는 일주일 내내 우리를 위해 일만 했어요. 일터에서 돌아온 다음에는 우리를 돌보셨죠. 어머니는 좋은 거라고는 아무것도 갖지 못했어요. 말하자면 그건 완전한 자기포기였죠"(D 씨).[15]

지속적인 자기포기를 의미하는 어머니라는 역할은 딸들의 눈에 보잘것없이 연명해가는 것, 심지어 조용히 위축되어가는 것으로 보인다. 그런데 이제는 내가 그런 운명 속으로 들어가야 한다고? 이런 생각은 그들에게 매우 두려운 것이다. 특히 교육 확대 정책의 수혜로 고등교육을 받은 여성들은 어느 책의 제목처럼 "어머니는 사람이 아니었다"[16]와 같은 삶을 되풀이하고 싶어 하지 않는다. 이와 관련된 체험기의 내용을 보자.

"나이가 들자 나는 전업주부이자 어머니로 살았던 내 어머니처럼 살고 싶지 않다는 사실을 깨달았다. … 내가 아이를 낳지 않을 거라고 말하면 어머니는 늘 미소를 지었다. 그렇지만 나는 그 말에 어머니가 매우 슬퍼했다는 사실을 분명히 안다. 최근 2~3년 동안 어머니는 내가 왜 아이를 낳지 않으려고 하는지 조금 이해하게 되었다. 물론 어머니는 내 인생이 당신의 인생에 대한 비판을 담고 있다는 사실도 안다"(교사).[17]

"어머니라는 경험이 어떤 것인지 말하라면 나는 내 어머니의 모습에 비추어서만 그것을 평가할 수 있는데, 어머니는 얼마 전까지도 당신의 정체성을 자식인 나를 통해 확인했고 나를 통해서만 인간일 수 있었다. 나는 그런 모습을 수많은 여성/어머니에게서 보고 느낀다. 그런 일이 얼마나 많은가! 자식들의 발전 속에 자신의 발전을 투사하지 않고 자기 자신을 통해 인간이 되는 여성은 너무도 적다"(교사).[18]

아이를 낳겠다는 결정을 오랫동안 의식적으로 미룬 어느 여성의 체험기는 다음과 같다.

"나는 아이와 가정에 나를 빼앗기고 싶지 않았다. 내가 보았던 어머니의 인생과 똑같은 방식으로 가족을 위해 희생하고 싶지 않았던 것이다. … 나는 타인을 위한 삶을 살아가기 전에 한동안 나만의 삶을 영위하고 싶었다"(교수).[19]

이처럼 오늘날 어머니가 되는 것을 가로막는 가장 결정적인 장애는 개인적인 자유를 바라는 마음에 있다고 할 수 있다. 세 번째 예 또한 이 같은 사실을 단적으로 보여준다. 여기서는 이미 어머니이면서 **아이를 하나 더 낳을 것인지 말 것인지**가 문제인 여성들이 다루어진다. 물론 구세대 여성들도 이런 고민을 하기는 했지만 근본적인 대안의 형태로 고려한 것은 아니었다(그보다는 오히려 육체적인 부담과 끊임없는 소진 때문에 고민이었다). 왜냐하면 그들의 길은 평생에 걸쳐 '가족을 위한 삶'을 사는 것으로 이미 정해져 있었기 때문이다. 그러나 '나만의 인생'에 대한 요구와 압박으로 흔들린 젊은 여성들은 전혀 다르다. 젊은 여성들은 집중적인 육아의 단계를 중간 단계로 보며 그 후에는 다시 독립성을 얻으려 한다. 이것이 젊은 여성들이 아이를 더 낳지 않으려는 결정적 이유다. 이런 사실은 자녀를 하나 둔 어머니들에 대한 설문[20]과 수많은 체험기에서 분명하게 드러난다.

"나는 점차 종속감을 느끼게 되었다. 더이상 나 자신을 인간이라고 느끼지 못하고 '오로지' 가족을 위한 어머니이자 전업주부라고 느낄 뿐이다. … 미래에 대해 생각하려면 먼저 나 자신을 다시 한 번 찾아야 할 것 같다. … 둘째 아이? 당분간은 확실히 아니다"(간호사).[21]

"나는 (아직?) 둘째 아이를 가질 용기가 없다. 나 자신을 위해 자그마한 부분을 남겨놓고 싶다. 약간의 시간, 약간의 에너지라도… 아니, 나는 둘째 아이를 가지고 싶지 않다. 오로지 어머니로만 살아가고 싶지는 않다"(출판사 직원).[22]

이런 말들은 자기중심적으로 들릴지 모른다. 아니, 실제로 자기중심적이기도 하다. 그것도 아주 의식적으로. 그러나 이런 발언들을 현대 여성의 특징적 결핍으로, 즉 지나친 소망 내지 야망을 보여주는 증거로 보는 것은 오해이자 오류다. 그런 해석은 배경과 원인을 잘못 이해하고 있는 것이다. 지금까지 살펴본 내용을 토대로 정리해보자. '타인을 위한 삶'은 몰아적인 사고와 행동을 요구한다. 그에 반해 근대사회의 감추어진 교육 계획에는 목적의식적으로 인생행로를 설계하고 기회를 폭넓게 이용하며 장애물을 예측하여 피하는 것이 포함된다. 이런 기준에서 아이가 명백한 장애물이 되고 가능성을 현저히 제한하는데 어떻게 어머니가 되기로 결정할 수 있겠는가? 이것이야말로 진정한 갈등이며, 이는 개별 여성의 문제가 아니라 근대사회의 문제다.

이런 변화의 결과는 잘 알려져 있듯이 1960년대 중반의 제2차 출생률 감소로 나타났다. 그 후 출생률 감소 경향은 더욱 심화되어 지금까지도 그 끝이 보이지 않고 있다.

7장

출생률 감소가 계속된다

1965년부터 현재까지

40년 전부터 나타난 출생률 감소 추세가 멈춘 지금이 중간 결산을 시도할 시점이다. 이번 장에서 살펴볼 내용을 핵심적인 질문으로 정리하면 다음과 같다. 1965년 이후, 즉 출생률 감소가 시작되고 그 원인에 대한 논의가 시작된 이후 어떤 발전이 이루어졌는가? 그사이 새로운 조건이 발생한 곳은 어디이며, 예전의 조건에 머물러 있는 것은 무엇인가? 아이를 가지고 싶은 소망과 여성의 삶 사이의 긴장 관계는 어떤 상태인가?

이런 질문 모두를 한꺼번에 다루는 일은 엄청난 과제이기에 여기서는 겸손하게 지난 수십 년간 이루어진 세 가지 발전 경향을 중심에 놓고 살펴보려고 한다. 이는 '여성의 삶과 아이 가지기'의 관계에서 전략적으로 중요한 지점에 영향을 미친 요인들이다. 첫 번째 발전 경향은 생식의학에서 새로운 상품들이 등장한 것이며, 두 번째는 직업과 가족을 조화시킬 수 있다는 신조와 그 실현 가능성이 나타난 것이다. 그리고 세 번째는 사적 영역에서 새로운 형태의 노동 분업이 출현한 것이다.

생식의학의 새로운 상품들: 피임약에서부터 태아 진단까지

앞서 언급했듯, 경구피임약은 1961년 독일에서 출시되어 1960년대 후반 점점 확산되며 여성에게 새로운 시대를 열어주었다. 선택의 자유는 새로운 약속을 의미했다. 언제 아이를 낳고 몇 명이나 낳을지를 여성 스스로 결정할 수 있게 된 것이다. 여성은 아이를 가지는 것을 자신의 다른 인생 계획에 맞출 수 있을 때까지 기다리게 되었다. 또 경우에 따라서는 아이를 가지지 않기로 결정할 수도 있었다.

이로써 다음과 같은 질문이 생긴다. 지난 시간을 되돌아볼 때 실제로 이루어진 변화는 무엇인가? 선택의 자유라는 약속은 충족되었는가?

그것은 매우 복잡한 문제라 '예'나 '아니오'로 단순히 대답하기가 어렵다. 과거와 비교해보면 경구피임약이 여성의 역사에서 중요한 돌파구를 가져온 것은 분명하다. 오래전부터 다양한 피임 방법이 있기는 했지만 경구피임약은 훨씬 효과적인 방법이었다. 드디어 간단히 사용할 수 있으며 믿을 만한 피임 수단이 생기고 임신에 대한 공포에서 벗어나게 된 것이다. 스스로 임신을 조절할 수 있게 되면서 여성은 삶 전체에서 더 많은 자율성을 얻게 되었다. 이런 의미에서 피임약이 엄청난 진보를 의미한다는 사실에는 논란의 여지가 없다.

예컨대 법학 교수인 니나 타우프Nina Taub는 이렇게 말한다.

[효과적인 피임 방법이 없다면] 여성은 삶의 모든 측면을 결정하는 정치적·사회적 과정에 접근하고 참여할 수 없을 것이다. 여성이 출산을 어느 정도로 조절할 수 있느냐에 따라 여성의 교육 기회와 직업 기회, 수입, 육체적이고 정신적인 행복, 그리고 그들이 낳은 아이들이 자라나는 경제적·사회적 조건도 매우 직접적인 영향을 받는다.[1]

물론 진보에는 대가가 따른다는 사실이 곧 드러났다. 그런 진보는 부작용 없이 얻을 수 없는 것이었다. 부작용을 의도한 것은 아니었지만 그렇다고 영향이 적지도 않았다. 그런 부작용 역시 장기간에 걸쳐 여성의 삶을 변화시켰던 것이다.

일시적인 유예

무엇보다도 피임약은 많은 여성들이 기대한 결과를 가져왔다. 출산을 인생 계획에서 저 멀리 유예해버린 것이다. 여성들은 배우자 관계, 졸업, 취업, 주거, 수입 등 모든 조건이 들어맞는 '제대로 된 시점'을 찾으려 했다. 전제조건들이 어느 정도 유리하게 보일 때나 아이를 가지고 싶은 마음이 강해졌을 때, 여성들은 피임약을 포기하고 어머니가 되었다.

그런데 알맞은 시점이 결코 찾아오지 않는 여성들도 많았다. 언제나 들어맞지 않는 퍼즐 조각이 있는 법이다. 마침내 직업을 가지고 육아휴직을 누릴 수 있게 되었는데 부부 관계가 깨진다거나, 아니면 마침내 제대로 된 배우자를 찾았는데 직업을 잃고 경제적 토대가 불안해지는 식이다. 또는 '원래부터' 아이를 원했지만 아이가 생기지 않는 경우도 있다. 여성이 계획을 잘 세우려고 하면 할수록, 가능한 한 '최선의' 전제조건들을 마련하려고 하면 할수록 여성이 결국에 아이를 가지지 못하게 될 가능성은 더욱 커졌던 것이다.

피임 가능성에서 의무로?

피임약과 함께 가능해진 결정 상황을 더 자세히 들여다보면, 아이를 미루려는 결정이 정말로 자유롭게 이루어진 것인지 의문을 제기할 수 있다. 기술의 역사를 살펴보면, 수단이 목적에 거꾸로 영향을 미치며 조용하고도 지속적으로 결정 상황 자체를 변화시킨다는 사실이 드러나기 때문이다. 새로운 기술은 사회적 공간 속에서 결코 중립적이지 않으며 오히려 사회 변화의 프로그램을 그 안에 감추고 있다. 사회학자인 볼프강 반 덴 댈레Wolfgang van den Daele는 "도덕이란 변화할 수 있는 것이다. … 새로운 기술의 영향을 받으면 기존의 도덕은 낡은 것이 된다"[2]라고 말한다. 미국의 사회과학자 루스 허버드^Ruth Hubbard의 다음 언급도 정확하게 핵심을 짚고 있다. "점점 더 많은 '결정 가능성들'이 주어진다. 이런 가능성들은 금세 사회적으로 용인되는 범위 내에서 '결정을 내려야' 한다는 강요로 변화된다."[3]

경구피임약과 관련한 새로운 피임 가능성 덕분에 이 분야에서의 입장, 기대, 기준도 변화된다. 그런 변화는 대략 다음과 같은 식으로 진행될 것이다. 피임약이 엄청나게 빠른 속도로 대중매체의 제호를 장식하고 여론의 격렬한 토론을 불러일으킴에 따라 사람들의 의식에 영향을 미친다. 생물학은 운명이 아니며 선택지가 존재한다는 것, 즉 아이를 낳을지 말지를 스스로 결정할 수 있다는 사실이 오지 마을까지 알려진다. 그리고 공개적인 토론을 통해 질문과 입장과 주장이 교환되는 가운데 어떤 결정에 대한 '입증 부담'이 점차 개인에게 이동한다. 사회적으로 지배적인 도덕이 슬그머니 변화하기 시작하며 결정할 수 있다는 것이 의식적으로 결정해야 할 의무가 된다. 더 정확하게 말하면, 피임약을 언제든지 사용할 수 있게 됨으로써 아이를 가질 것이냐 말 것이냐에 대한 결정이 '개인화'된 것이다. 생물학의 강제에서 벗어나 여성과 남성의 책임에 맡겨졌다고 할 수 있다.

새로운 도덕은 의식적이고 합리적이며 기술적으로 안전한 피임이다. 이 도덕의 이상형은 책임의식을 가지고 생식행위를 하는 계몽된 근대적 인간이다. … 제한 없는 피임 가능성의 시대에 그것을 사용하지 않는 사람은 미심쩍게 여겨진다. 피임은 필요악에서 계몽된 국민의 의무가 된다.[4]

이 의무는 특히 여성에게 해당된다. 어머니가 된다는 대재난을 책임의식을 가지고 다룸으로써 교육체계와 직업세계에서 자신의 기회가 제한되지 않도록 만들어야 하는 쪽은 여성이다. 여성은 어머니가 되는 일을 가능한 한 눈에 띄지 않으며 효율적으로 조직해야 한다. 그 일을 해내는 여성은 근대의 축복에 참여해도 된다는 약속을 받게 된다. 이런 약속이 얼마나 실현되는지는 또다른 문제이지만, 새로운 이상이 부상한다는 사실은 분명하다.[5] 그 이상의 중심에는 계몽되었으며 능동적이고 역동적으로 장기적인 인생 설계를 계획하고 합리적으로 변화시키는 젊은 여성이 있다. 여기서 중요한 점은 그 젊은 여성은 경솔한 생물학의 우연에 자신을 내맡기지 않고 피임 가능성을 철저히 이용한다는 것이다. 그런 여성은 수준 높은 교육을 마쳐야 하기 때문에 오랫동안 피임을 한다. 당연히 어학 코스나 해외 연수, 인턴 등과 같은 추가적인 자격을 갖추고, 그 후에는 다양한 취업 기회 가운데 최선을 선택하고, 그러고 나서는 승진을 하고 안정적인 지위를 얻은 다음에야 피임약을 중단하고 비로소 어머니가 되기 시작한다.

그러나 이런 이상 속에는 새로운 위험이 포함되어 있는데, 그것은 바로 계획의 덫이라는 위험이다.[6] 새로운 구호에 따르면 여성들은 출산을 위한 최적의 시점을 세심하게 검토하고 그에 맞춰 결정해야 하지만, 이 전설적인 최적의 시점이란 결코 존재하지 않는다는 냉혹한 사실과 마주치게 된다. 근대의 노동세계는 신속한 변화를 따라가기 위해 노동력을 중단하지 않고 계속 투입할 것을 요구한다. 중단하거나 쉬거나 노동시간을 축소하는 사람은 언제나 막대한 손해를 예상해야 한다. 그런데 이런 문제는 사회적인 것으로 드러나고 그에 맞는 사회적인 해결책이 모색되는 대신 이제 손쉽게 개인적인 문제로 정의된다. 다시 말해 노동세계에 계속 투입되기 위해 피임 기술이 이용되고, 스스로 '잘못' 결정하거나 '이성적으로' 계획을 세우기를 거부하는 여성들은 비합리적이라고 선언되며, 여성은 '그릇된 계획'에 대해 개인적으로 책임을 지게된다. 그럴 경우에는 모두 자기 자신의 잘못이라는 것이다.[7]

경구피임약, 생식공학으로 들어가는 승차권

새로운 삶의 프로그램은 아기를 가지는 일을 일시적으로 미루기를 요구하는데, 이것은 적지 않은 여성들에게 문제를 야기한다. 마침내 아기를 가지기로 결심하고 피임약을 끊지만 그 후에 아무런 일도 일어나지 않는 것이다. 그들은 피임약이 피임을 쉽게 만들어주고 정확한 인생설계에 도움이 된다는 사실을 확신해야 한다. 그러나 동전의 다른 면은 일시적으로 임신을 미루면 임신을 위한 생물학적 전제조건들이 더 불확실해진다는 점이다. 피임약에 열광했던 처음 몇 년간 이런 점을 고려한 사람은 거의 없었다. 여성의 나이가 많아질수록 생식 능력이 감퇴한다는 것은 객관적인 사실이다. 그리하여 피임약의 결과나 부작용으로 원치 않게 불임이 된 여성의 수가 증가한다.

이런 상황에서 여성들에게 새로운 출구, 좀더 정확히 표현하면 출구에 대한 약속이 등장한다. 1970~1980년대 이후 배란 유도 치료부터 시험관 아기와 난자 기증에 이르기까지 수많은 생식의학 상품들이 빠른 속도로 발전했다. 그러나 이런 치료 방법들 역시 간단한 해결책을 제공해주지는 못했으며 또다른 이면을 지니고 있었다.[8] 먼저 비용 문제인데, 나라와 법규에 따라 환자 본인이 시술비의 상당 부분이든 적은 부분이든 돈을 지불해야 하기 때문이다. 다음으로는 정신적 영역과 사회적 영역에서의 위험인데, 달력과 시간 계획에 따라 성관계를 가져야 하는 것부터 기대와 불안 사이를 끊임없이 오가는 정서적 긴장까지 다양한 위험이 발생한다. 그다음으로는 과배란의 위험처럼 여성의 몸에 광범위한 개입이 이루어짐으로써 육체적 부담이 커진다는 점을 들 수 있다. 잘될 경우에는 꿈에 바라던 아이가 생기지만, 대다수 치료 방법의 성공률이 상당히 낮기 때문에 결국에 남는 것은 실망과 상실감이다.

피임약이 가져다준 선택의 자유는 이 집단의 여성들에게 결국에는 정반대의 결과를 가져왔다. 수많은 여성들을 거대한 생식공학산업의 고객으로 만든 것이다. 거기서 비롯되는 온갖 종속과 강제, 위험, 그리고 비용과 함께.

이에 대해 미국의 사회학자 바버라 카츠 로스먼Barbara Katz Rothman은 다음과 같이 말한다.

이 모든 새로운 치료 방법은 당사자들에게 새로운 부담을 줄 수 있다. 늘 좀 더 노력해야 한다는 부담 말이다. 명예롭게 포기할 수 있으려면 위험한 실험적 약품을 얼마나 많이 복용해야 하며 강제적인 섹스를 몇 달간 또는 몇 년간이나 해야 하는가? 부부가 '모든 것을 시도'하고 마침내 중단해도 되는 시점은 대체 언제인가?[9]

노산의 위험

지난 몇십 년 동안 의학산업의 소용돌이에 휘말린 또다른 여성 집단이 빠르게 성장했다. 바로 "노산 어머니들"이다.[10] 이들은 아주 오랫동안 임신을 미루다 마침내 임신하기로 마음먹고 임신을 했다. 그런데 지난 수십 년 동안 태아 및 유전자 진단법이 급속하게 진보했고, 건강과 질병의 유전자적 토대를 점점 더 정밀하게 밝혀내면서 노산의 위험성이 점차 시야에 들어오게 된 것이다. 그것은 수많은 나라에서 언론과 여성 잡지를 통해 널리 확산되어 그 누구도 벗어날 수 없는 일반 상식이 되었다. 그에 따른 불안감에 딱 맞춰 태아 및 유전자 진단 분야에서 다양한 임상검사 보조상품이 발전했다. 임산부를 안심시키고 불안을 없애주기 위해 다양한 방식의 검사들이 발전했는데, 그런 검사들의 핵심은 태아의 기형 여부를 체크하는 것이다.

그러나 이런 약속 역시 이면을 가지고 있는데, 잘 알려져 있다시피 그런 검사들이 유리한 판정 결과를 보증하지는 않기 때문이다.[11] 모든 일이 잘될 경우, 즉 어떤 결함이나 이상도 보이지 않을 경우 임산부는 안심하고 행복해진다. 그러나 판정 결과가 모호하거나 불확실할 경우에는 어떻게 되는가? 또는 분명하게 장애가 있는 것으로 나타날 경우는 어떻게 해야 하는가? 양수 검사가 낙태를 유발하는 경우는? 예를 들어 38세인 여성이 아주 오래 기다린 아이이며, 어쩌면 이번 임신이 마지막이자 유일한 기회일 수도 있다면? 하지만 아이가 장애가 있을 경우에는 모든 것을 포기해야 할 텐데, 도대체 어떻게 해야 한단 말인가?

이런 딜레마에 빠진 많은 여성들은 과중한 부담을 느끼며 의지할 데 없이 혼자라고 느낀다. 고도의 의학기술이 수많은 검사와 진찰 방법을 제공할 수는 있지만 여성들의 마음을 짓누르는 질문들에 대한 대답을 주지는 않기 때문이다. 임상검사의 가능성이 많이 나오면 나올수록 결정 상황은 더욱 복잡해지고 개관할 수 없는 지경에 이른다. 그 결과 유전학 상담 전문가들이 말하듯이 조언을 구하는 사람들은 점점 더 자주 "여태껏 겪어본 적이 없는 ⋯ 첨예하고도 버거우며 지극히 힘든 결정 앞에 놓이게 된다. 인간의 결정 능력에서 한계에 도달하는 것이다."[12]

이런 고찰을 통해 선택할 수 있는 자유의 이면이 분명해진다. 여성이 임신을 오래 미룰수록 이후 단계에서 아이의 기형 가능성과 관련된 불안과 맞닥뜨리고 그와 결부된 불확실성, 결정의 압박 및 갈등과 부딪히게 된다. 따라서 거의 완벽한 피임은 부가적으로 의학기술을 투입하기 위한 길을 마련하고, 이때 여성은 환자/고객이 되어 새로운 종속을 경험한다. "시험해본 뒤에 결정하는 임신"[13]이 점차 정상적인 것이 되어가는 것이다.

직업과 가정의 조화: 변화와 저항 사이의 신조

점점 더 많은 여성들이 고등교육을 받게 되자 직업에 대한 욕구 역시 분명하게 증가했다. 많은 여성들은 단지 '돈벌이'만을 위해 직업을 가지려는 것이 아니라 독립성을 원하며, 그래서 결혼과 출산 이후에도 계속 직업을 가지려 했다. 그러나 노동세계에는 그런 '이중 부담'을 위한 자리가 없기 때문에 두 영역에 참여한 여성들 중 다수가 일상생활에서 지속적으로 긴장 상태를 경험했다. 가정 저편의 세계에서 새로운 자유를 추구했던 그들이 찾은 것은 무엇인가? 그것은 "하루 48시간",[14] 끊임없는 부담과 초과 부담이다. 이제 그들이 가장 바라는 꿈은 실컷 잠을 자는 것이 되었다.

미국의 사회학자 알리 러셀 혹스차일드^{Arlie Russell Hochschild}는 맞벌이 부모의 상황에 대한 연구에서 다음과 같은 사실을 확인했다.

[질문에 답한 여성들 중 다수가] 인터뷰에서 잠이라는 주제를 거의 빠짐없이 언급했다. 그들은 내게 매일 잠을 몇 시간 잘 수 있는지 이야기했다. … 많은 여성들이 얼마나 잠이 필요한지에 대해 변명했다. … 그들은 베이비시터의 교체가 아이의 수면 습관에 어떤 영향을 미치는지, 또는 어떻게 밤마다 비몽사몽 상태로 우는 아이를 달래다 다시 잠이 드는지 이야기했다. 이 여성들은 마치 굶주린 사람이 음식 얘기를 하듯이 잠에 대해 말했다.¹⁵

이중 부담이라는 개념은 글자 그대로의 의미에서 곧 그 본질이 명백해졌다. 이 경험은 1970~1980년대의 여성운동과 여성학을 통해 새로운 정치적 요구로 전환되었다. 이런 정치적 요구는 과거의 이상에 비추어볼 때 급진적인 전환과 맞먹는 것이었다. 과거에 여성의 고유한 소명이 오로지 가족을 위한 삶을 사는 것이었다면, 이제 그 구호는 직업과 가정의 **조화**가 되었다.

그로부터 20~30여 년이 지난 지금의 상황은 어떠한가? 이에 대한 대답은 여러 층위가 존재하기 때문에 간단히 답하기는 어렵다. 먼저 독일이라는 경계를 넘어 바라볼 것을 추천한다. 유럽 국가들을 비교해보면 통일된 그림이 아니라 각각의 나라에 따라 상이한 상황이 나타난다.

거칠게 일반화하면 중부 유럽과 북유럽 국가들에서는 조화에 대한 요구가 그동안 '사회적으로 정착되어' 정치와 대중이 이미 그 요구를 받아들였다고 말할 수 있다. 이렇게 된 데 기여한 것은 무엇보다도 출생률 감소와 인구 감소에 대한 두려움이었다. 이들 나라에서 '더 훌륭한 조화'는 정치적 목표가 되었고, 전당대회는 물론 기업 이사회에도 반드시 들어가야 하는 문구가 되었다.

그러나 변화의 필요성이 원칙적으로 인정되는 곳에서도 실제 변화는 서서히 진행되는 것이 다반사다. 북유럽과 서유럽에서 지난 몇십 년 사이에 많은 변화가 일어난 것은 분명하다. 직업과 가정의 조화를 촉진하기 위해 출산휴가부터 보육기관까지 정치와 제도 차원에서 많은 발의가 이루어졌다. 그러나 나라에 따라 우선순위가 다르게 정해졌고 그 결과는 상이하다.[16] 지금까지 성과가 나타난 곳은 프랑스와 스칸디나비아 국가들뿐이고 그 밖에는 성과가 미미하다. 독일이든 영국이든 스페인이든 공공보육기관이 충분하지 않은데, 이는 국가의 재정은 텅 비어 있고 기업은 오래된 의구심과 편견으로 공론화된 의도를(그것이 심각하게 표명된 경우조차) 관철시키기 어렵기 때문이다.

이처럼 여성들은 여전히 많은 나라에서 직업세계의 목표와 육아의 요구 사이에 붙잡혀 있다. 게다가 최근에는 세계화로 인해 긴장 관계가 더욱 첨예해지고 있다.

불안정한 노동계약, 불안정한 이력

세계화는 경제 교류와 시장 개방만을 의미하지 않는다. 이전보다 더욱 경쟁이 심해지고 속도가 빨라지며 혁신의 압력이 커지는 것이다. 노동세계가 세계화된 시장의 법칙과 압박의 영향을 받으면 받을수록 가정에 대한 배려 같은 사회적 관점이 설 자리는 점점 더 줄어든다. 1950, 1960, 1970년대의 상황과 비교해보면 이런 사실은 더욱 분명해진다. 당시에는 남유럽 대부분이 가난했고, 중부 유럽도 평균 임금이 낮으며 복지 수준이 높지 않은 편이었다. 그러나 중부 유럽의 경우 안정된 고용관계와 정해진 노동시간이 있었고 노동력에 대한 수요 또한 존재했다. 그 후 실업률이 점차 증가하긴 했지만 그래도 여전히 낮은 수준이었다. 따라서 생존을 보장하는 중요한 좌표들이 안정적이었고, 이는 장기적인 인생 계획을 세우는 데 유리한 전제조건이었다. 사회적 관계와 가정적 결속을 구축할 수 있는 틀이 존재했던 것이다.

하지만 전부 지난 일이다. 유연성과 탈규제라는 계명이 노동계를 점점 더 강력히 파고들고 있다. 업무 영역이 확실하게 정해져 있고 직위가 규칙적으로 올라가는 전통적 형태의 직업 노동은 사라지고 매우 다른 고용 형태들이 병존한다. 그 고용 형태들은 더 개방적이고 유동적인 동시에 더 불안정하고 취약하며 위험에 노출되어 있다. '평생직업'이 사라진 곳에서는 과거에 평생직업이 제공했던 경제적 안정 또한 사라진다.

게다가 평생직장도 더이상 존재하지 않는다. 같은 기업에서 수십 년은 아니더라도 몇 년 이상은 고용되었던 과거에 비해 이제는 점점 더 "짧은 생명"[17]이 일반화된다. 이것은 대부분 자발적인 상황이 아니다. 적어도 피고용인의 시각에서 볼 때는 자발적인 것이 아니다. "도와줘요, 내 일터가 이민을 떠나요"라는 문장이야말로 세계화 시대를 특징짓는 문장이다.[18] 많은 서구 국가에서 실업률이 급격하게 증가했다. 오늘 일자리를 가진 사람들이 내일도 그 일자리를 가지고 있을지 알 수 없는 상황이 되었다.

중요한 것은 노동세계의 위험이 다양한 차원에서 증가한다는 사실만이 아니다. 그런 위험이 매우 상이하게 분배된다는 것 역시 중요하다. 이는 아이를 가지는 문제에도 결정적인 영향을 미친다. 우리의 논의 맥락에서는 세대 간의 비교가 중요한데, 이런 위험이 젊은 세대에게 가장 강력한 영향을 미친다는 사실이 분명히 나타난다.[19] 나이 든 세대는 운이 좋은 경우 노사 협상을 통해 결정된 임금과 부당해고방지제도를 통한 안전장치를 가질 수 있는 반면, 젊은 세대가 처한 상황은 극적으로 악화되었다. 직장생활을 시작하려고 할 때 인턴 자리만을 얻는 경우가 다반사인 것이다(정확하게 말하자면 적은 돈을 받고 규칙적으로 일해야 한다는 말이다). 그다음 단계에서도 확실한 일자리는 점점 더 구하기 힘들어지고 대신 단기 계약이 늘어난다. 영구적인 보증수표가 아니라 오늘과 내일까지만 유효한 수표만이 존재한다. 그리하여 경제적 종속

기간은 연장되고 독립은 점점 늦은 나이에 달성된다. 불안한 인생 계획은 중산층까지 확산되고 오늘날 청소년 세대의 기본 경험이 된다.

이렇게 불안한 토대 위에서 어떻게 가정을 꾸릴 수 있겠는가? 아이에 대한 책임은 어떻게 질 것인가? 이것이 세계화와 불안의 결과로 사생활 영역에 도착한 질문들이다. 이것은 최근에 발표된 두 개의 연구를 통해 확실하게 입증된다. 그중 연방인구연구소가 수행한 "독일의 출산계획"이라는 조사에 따르면 다음과 같은 사실이 확인된다. 아이를 낳지 않거나 더이상 아이를 가지지 않겠다는 이유 가운데 가장 많이 나온 대답은 "아이를 가지기 위해서는 더 확실한 일자리가 필요하다"와 "아이를 낳기 위해서는 배우자에게 좀더 확실한 일자리가 필요하다"였다.[20] 다양한 스펙트럼의 서구 산업국가들을 대상으로 젊은 세대의 노동 및 삶의 상황을 조사한 대규모 양적 비교연구도 비슷한 결과를 보여주고 있다.[21] 직업의 불안이 젊은 남녀의 사생활 형태에 점점 더 폭넓은 영향을 미친다는 것이다. 젊은이들은 경제적으로 오랫동안 종속되어 있기 때문에 가정을 꾸리는 일을 점점 뒤로 미루게 된다. 경제적인 의미에서 과연 안전한 항구에 도달할 수 있을지, 만약 그렇다면 그게 언제쯤일지 알 수 없기 때문에 당장 아이를 가지지 않고 기다리는 것이다.

이런 경제적 불안은 남녀 모두에게 해당한다. 그러나 그 결과가 여성의 삶에 더 큰 영향을 미친다는 것을 추론할 근거는 충분하다. 따라서 그림을 완전하게 만들기 위해서는 남성과 여성을 비교해보아야 한다.

영국 작가 수잰 프랭크스^{Suzanne Franks}는 다음과 같이 말한다.

종속 기간이 길어지면 아이를 가지려는 여성은 특히 불리하다. 직업에서 확실하게 자리를 잡기까지 훨씬 오랜 시간이 걸리기 때문에 여성들은 두 가지 가능성 중에 선택을 해야만 한다. 출산을 계속 미루거나 직업적 성공을 입증하기 전에 서둘러 아이를 가지는 것이다. 두 가지 선택지 모두 위험을 내포하고 있다.[22]

〈프랑크푸르터 차이퉁〉에 "아이가 없는 젊은 여성"이라는 제목의 기사가 실린 적이 있다. 이 기사는 인턴 세대의 경험, 더 정확하게 말하면 이 세대 여성의 경험을 기록하고 있다.

이 여성들은 아이를 원하지만 임신은 재앙이라고 느낀다. … 이들은 아이들을 위해 시간을 낼 수 없다. 근사하게 대학 교육을 받은 젊은 여성들의 이력서는 A4 용지 한 장으로 끝나지 않는다. 겉보기에 이들은 모든 것을 제대로 한 것처럼 보인다. 유연하고 유동적이며 목표 지향적이고 적극적이며 의사소통에 능숙하고 팀 지향적이다. 이들은 영국이나 미국의 유명 대학으로 유학을 다녀왔다. … 이들은 아이를 가지고 싶은 마음을 억누르고 장거리 관계, 두 집 살림, 무급 실습에 익숙해진다. … 그러나 노동시장은 이들을 원치 않는다. 노동시장은 이들을 필요로 하지 않는다. 노동시장은 아이가 있는 여성들을 즉시 포기해버린다. … 이들이 몇 년 동안 구축해온 직업적 전망은 더이상 존재하지 않는다. 많은 여성들이 자신의 수준보다 낮은 자리를 감사히 받아들인다. 어떤 여성들은 대학원 과정에 등록한다. 아이를 가지려는 바람은 어디에 머물러야 한단 말인가?[23]

지속성 대신 유동성

운이 좋아서 언젠가 일자리를 구한다 해도 직장과 가정의 조화를 방해하는 새로운 장애물이 생긴다. 직장의 위치와 근무 시간이 문제가 되는 것이다. 멋지고 새로운 노동세계에서는 지속성 대신 얼마든지 변화할 준비 자세가 요구된다. 갈수록 많은 직업 분야에서 지리적 이동이 일상적인 것이 된다(외국에서의 실습, 다른 도시로의 출장). 그리고 한 일자리가 끝나면, 예를 들어 카셀에서 쾰른으로, 드레스덴에서 도르트문트로 새로운 자리를 찾아가야 한다. 시간적으로 유동적인 직업 분야(야간 과정, 야간 근무, 주말 세미나)도 점점 늘어난다. 노동시간에 대해 조사한 최근 연구를 보면 '정상 노동시간'이 해체되는 것을 확인할 수 있다. 최근 몇 년 동안 일요일 근무, 시간제 근무, 탄력 근무, 초과 근무, 근로시간계좌제도 등이 증가했다.

기업의 관점에서 볼 때는 이 모든 것이 분명 유리하다. 그러나 지속성, 현존, 신뢰성이 필요한 가정생활의 요구는 이런 상황과 어떻게 조화될 수 있는가? 한 사람이 라이프치히에서 일하고 한 사람은 플렌스 부르크에서 일한다면 부부 관계에 어려움이 생길 수밖에 없다. 그런데 여기에 아이들까지 있다면 훨씬 힘들어질 것이다. 아이들은 냉장고 안에 넣어두었다가 연수나 출장이 끝난 다음에 다시 꺼내면 되는 존재가 아니기 때문이다. 유동성의 압박이 증가하는 이런 현실에서 젊은 남녀가 다음과 같이 말한다고 해서 놀랄 필요는 없다. "도저히 감당할 수 없어요. 너무 복잡해요. 차라리 아이를 낳지 않겠어요"라고.

물론 새로운 진리를 따라 유동성과 유연성이라는 황금 계명에 자기 삶을 바칠 준비가 된 사람은 유리한 조건에서 경력의 사다리를 가파르게 올라가 꼭대기까지 도달할 수 있다. 그러나 그런 일방적인 인생을 살고 싶지 않은 사람은 제재를 더욱 확연히 느끼게 된다. 이미 시작된 변화의 결과로 노동세계에서 새로운 양극화가 발생하기 때문이다. 이때 아이를 가지는 문제와 관련하여 또다시 남성과 여성을 비교할 수 있다. 이런 양극화는 겉으로 성별과 무관해 보이지만 실제로는 여성에게, 특히 어머니에게 불리하게 작용한다는 사실이 드러나는 것이다. 수잰 프랭크스에 따르면, "그 결과는 직장 일에 전력을 쏟지 못하고 또다른 의무들도 고려해야 하는 사람들 모두를" 위계질서의 맨 꼭대기에서 "몰아내는 것이다. 직장 일 외에 다른 요구를 가진 여성들은 차라리 직장을 구하지 않는 것이 좋을 것이다".[24]

직업과 가정의 조화? 1960년대와 비교하면 모순적인 결과가 나타난다. 그동안 정치적 차원에서 직업과 가정을 조화롭게 만들려는 시도가 이루어진 것은 분명하다. 그러나 노력은 개별적이었고 성과는 제한적이었다. 그 후로 노동세계의 구조가 지속적으로 변화했고, 유연성과 탈규제가 지상명령으로 자리 잡았다. 과거 노동세계가 가정에 대해 "구조적으로 배려하지 않음"[25]을 특징으로 했다면 이 배려 없음이 더욱 진전되고 심화된 것이다.

대학 나온 여자 또는 무자식 박사 교수

직업과 가정의 조화가 어떻게 이루어지느냐는 직업 분야나 기업, 고용주에게도 달려 있다. 조화의 문제는 특히 대학에서 경력을 쌓으려는 여성들에게서 노골적으로 나타난다. 연구 분야가 구조적으로 가정과 아이를 배려하지 않는다는 것은 아주 분명해 보인다. 혹스차일드는 이 분야에서 통용되는 규칙을 이미 30년 전에 함축적으로 묘사한 바 있다.

시간을 낭비하지 마라. 일찌감치 좋은 연구 주제를 잡고 당신이 실제로 무언가를 배울 수 있는 영향력 있고 친절한 지도교수를 찾아라. 그리고 이것이 가장 중요한데, 박사 논문을 쓴 다음의 2~4년이 가장 결정적인 시기이니만큼 이때에 당신의 온 힘을 집중하라. … 다른 어떤 것도 우선이 되어서는 안 된다. 가장 좋은 일자리를 찾아서 개인 상황이나 가정 상황이 어떻든 상관없이 그곳으로 이사를 가라. 당신의 첫 번째 저서를 명망 있는 출판사에서 출판하고 누군가 더 나은 직위를 제공할 경우에는 아주 조금 나아지는 것에 불과할지라도 그리로 옮겨라. 당신의 이름이 연구 분야에서 유명해지도록 연구와 학회 활동, 편집자 활동 등에 쉬지 않고 참여해라. 20대 후반이나 늦어도 30대 초반에는 이를 달성해야 할 것이다.[26]

오늘날 독일의 상황은 더 나아진 것이 없으며 오히려 그 반대다. 대학을 졸업한 후 시험, 박사 학위, 교수 자격 취득 등 통상적인 학문 경력을 쌓는 단계를 거치려면 오랜 시간이 걸린다. 독일의 경우에는 다른 나라보다 시간이 한층 더 오래 걸린다. 이처럼 학술 분야의 이력은 시간적인 핸디캡 탓에 극단적으로 아이에게 적대적이다. 남성이든 여성이든 학자란 다른 대졸자들이 첫 직장을 경험하고 아이를 가지기 시작하는 바로 그 생애 단계에 자신의 생산성을 최고로 발휘하며 '학문 공동체' 안에서 자신을 능숙하게 내보여야 하기 때문이다. 이 시기는 30대 초반에서 후반에 해당하는데, 떠오르는 젊은 학자들은 이 시기에 최고의 업적을 보여야 한다. 외부 자금을 끌어오고 사정 절차에서 좋은 인상을 주어야 하며 연구실에서 밤을 새우거나 도서관에서 늦게까지 공부하고 국내와 국제 회의에서 강연을 해야 한다. "출판이냐 죽음이냐 publish or perish"라는 경구를 잊지 마라. 적당한 논문과 저서 목록을 충분히 갖추지 못한 사람에게는 기회가 없다는 뜻이다. 요컨대 학술 분야의 규칙에 따라 평가하자면 아이를 낳는 것은 엄청나게 잘못된 투자다.

이런 조건에서 많은 신임 교수들이 아이를 가질 시간이 없다는 것은 놀라운 일이 아니다. 아직 평가 단계에 있는 도르트문트대학교의 한 연구는 이와 관련하여 다음과 같은 수치를 내놓는다. 아이가 없는 젊은 여성 연구자의 58퍼센트가 37~42세의 연령 집단, 그러니까 가임기 말기에 놓여 있다. 젊은 남성 연구자의 경우에는 50퍼센트가 이에 해당하는데 여성보다 그다지 적지 않은 수치다. 〈차이트〉에서는 이 연구를 보도하며 "무자식 박사 교수"[27]라는 독특한 제목을 붙였다. 이런 내용을 한 문장으로 요약하면 다음과 같이 말할 수 있을 것이다. "대학은 피임 효과가 있는 것 같다"라고.

가사노동 이주여성: 여성 사이의 새로운 노동 분업

1950년대와 1960년대의 규범은 남편이 돈을 벌고 아내는 가사와 가족을 담당하는 전통적인 노동 분업이었다. 그 후 새로운 여성운동이 등장하면서 남녀 관계의 기초를 뒤흔드는 모델이 정립되었다. 전통적인 노동 분업이 대폭 수정되고 근본적으로 의문시되었다. 새로운 비전에 따르면 남성과 여성은 두 가지 영역에 모두 참여해야 했다. 쉬운 말로 표현하면 남자들도 가사노동을 맡아야 하며 청소하고 빨래하고 요리하고 아기 기저귀를 갈아야 한다는 이야기다.

그렇다면 21세기 초인 오늘날은 어떠한가? 그때 이후로 남녀의 노동 분업이 변화된 것은 분명하다. 그러나 소수의 영웅적 예외를 제외하면 전체적으로는 매우 미미한 수준일 뿐이다. 해당 연구들이 보여주듯이 비교적 젊은 세대의 남성들도 사실상 자녀들과의 관계를 넓히지 못했다. 남성들은 아이들과 더 많이 놀아주며 아침마다 유치원에 데려다주고 저녁에는 아이들을 재운다. 그럼에도 아직까지 자녀 양육 및 교육의 대부분을 떠맡는 것은 여성이다(일반적인 가사의 경우는 더욱 심해 이 부분에서는 남성들의 참여가 상당히 미약하다). 해당 보고서들의 내용은 눈에 띄게 비슷하다. 예를 들어 〈제7차 가족 보고서〉에는 다음과 같은 내용이 나온다.

자녀 양육과 교육 영역에서 아버지들의 참여는 … 지속적으로 증가했다. 그러나 아이에 대한 주된 책임은 예나 지금이나 어머니들에게 있다. … 아버지들은 놀이적 특성을 지닌 활동에 우선적으로 참여한다. 이에 반해 매일 반복되는 일, 그러니까 아이를 돌보고 아이와 일상을 조직하는 일은 주로 어머니들의 책임으로 남아 있다.[28]

연방과 주에서 재정 지원을 받은 보고서인 〈가족 인구학 모니터〉는 다음과 같이 지적한다.

아버지들의 참여는 1970년대 이후에 증가했다. 그러나 아버지와 어머니의 참여는 시간 차원에서뿐만 아니라 떠맡는 임무에서도 구별된다. 아버지는 아이와의 직접적인 상호작용을 내용으로 하는, 또한 놀이와 여가 영역에 속하는 임무를 주로 맡는다.[29]

어머니와 아버지의 참여를 비교한 경험적 연구는 다음과 같이 보고한다.

[아이를 위한 일상적 노동의 조직화는] 여성과 남성을 기본적인 욕구를 처리해야 하는 사람과 기분에 따라 돌볼 수도 있는 사람으로 나눈다. … 남성들의 참여는 필수적인 것이 아니라 결정에 따른 참여다. 남성이 돈벌이에 집중한 후 남는 시간을 아이와 관련된 활동으로 채워야 한다는 큰 틀은 불변의 사실이다. 이에 반해 어머니들에게 아이 돌보기는 직업을 가졌든 가지지 않았든 의무적으로 해야 할 임무다.[30]

여기에 가사노동까지 포함해서 생각하면 한마디로 남성/아버지의 참여는 매우 한정되어 있다고 정리할 수 있다. 이는 서독이든 동독이든 마찬가지다.[31] 이와 관련해 독일청소년연구소의 보고서는 "직장에 다니는 어머니들은 임시로 부담을 덜어줄 다른 사람을 찾는다"[32]라고 언급한다. 다음 절에서는 다른 사람을 통해 부담을 더는 일이 어떻게 이루어지는지를 다룰 것이다.

작은 기업으로서의 가정

모든 일을 혼자서 처리할 수 없는 직장 여성들은 다른 곳에서 지원을 구하는데, 그 다른 곳이란 바로 다른 여성이다. 최근 수십 년 동안 가정 안에서는 새로운 노동 분업이 확실하게 자리를 잡았다. 고등교육을 받고 직업 동기가 뚜렷한 중산층 여성들이 가정의 과제 중 일부를 도우미들에게 맡기는 것이다. 하루 일과를 해결하기 위해 종종 도우미들의 네트워크가 총동원되기도 한다(가정 탁아모, 오페어au pair, 베이비시터, 그리고 최후의 수단으로 자매와 시어머니까지).

이런 식으로 조정할 수 있는 경우에 일이 쉬워지는 것은 분명하지만 거기에는 비용이 발생한다. 여성은 작은 기업의 책임자가 되어 학교 시간표, 업무 시간, 여가 시간, 출장 기록, 학교 축제, 아이들 생일을 기록하고 도우미들의 동원 가능 시간을 조정해야 하며 변화하는 수요에 맞추어 긴급한 경우를 위한 대체 인력을 마련해두어야 한다. 이 모든 것은 상당한 정신적·육체적 에너지를 요구하며 무엇보다도 상당한 조직력과 계획적인 태도가 필요하다. 그렇지 않을 경우 복잡한 건물 전체가 무너지고 말 것이다.[33]

초국적 돌봄의 고리

오늘날 도우미들을 가까운 곳에서 찾기란 매우 어렵다. 특히 도시 중산층이라면 도우미가 멀리에서 온 경우가 대부분이다. 그들은 제1세계에서 직업 기회를 찾는 제2세계와 제3세계 출신의 여성들이다. 폴란드나 루마니아, 멕시코나 스리랑카 출신의 여성들이 이탈리아나 영국, 독일, 홍콩 또는 캘리포니아의 가정에서 가사노동을 수행한다.[34] 이런 배경에는 세계화 시대의 사회적 불평등, 가난한 국가와 부유한 국가의 간극이 점점 커지는 현실이 가로놓여 있다. 서구 국가들은 점차 이민법을 강화하여 외부에서 들어오는 흐름을 막으려 하기 때문에 이런 여성들 다수는 합법과 불법 사이에 걸친 회색 지대에서 움직이고 있다. 그들의 지위는 불안하고 위태로우며 수시로 적발되어 추방될 위험에 처한다. 사회학자 마리아 레리히^{Maria S. Rerrich}는 독일에서 이런 현실이 어떻게 나타나고 있는지를 분석한다.

한편에는 예나 지금이나 가정이 있는 여성의 직업활동을 예외적인 것으로 치부하는 복지국가 독일의 구조적인 기본 틀이 존재한다. 우리 사회의 이같은 가부장적 하자는 수백만 직장 여성들의 일상생활에 큰 부담으로 작용한다. 이 여성들은 스스로 감당할 수 있는 한 어쩔 수 없이 개별적으로 자기 부담을 더는 방법을 찾을 것이다. 다른 한편에는 국가의 통합 정책이 있다. 이는 수많은 외국 여성들이 가정의 비공식적 분야에만 머물러 있도록 만든다. 서로 다른 여성 집단이 구조적으로 처한 두 개의 어려움이 서로 마주침으로써 재생산 영역에서 수요와 공급이 일치하게 된다.[35]

적지 않은 이주노동 여성들의 삶의 상황에서 특징적인 점은 그들에게도 고향에 두고 온 자녀가 있다는 사실이다. 해당 연구들이 보여주듯이 대부분 이주의 계기를 제공한 것도 바로 자식들이다. 여성들은 자녀들에게 더 나은 미래를 제공하기 위해 돈을 벌며 이를 위해 장기간의 이별과 힘겨운 외국 생활을 감수한다. 그런데 몇 달 또는 몇 년을 떨어져 있는 동안 이들의 아이는 누가 어떻게 돌보는가? 이 역시 새롭게 등장하는 여성들끼리의 노동 분업을 통해 이루어진다. 대개 이주여성들은 고향에 살고 있는 다른 여성(할머니, 시누이, 올케, 이웃 여성)을 투입하는 것이다. 이주여성들은 고향 여성들에게 돈이나 기타 선물들을 줌으로써 자기 자식들을 돌보는 일을 확실히 하려 한다. 그 결과 초국적 형태의 어머니 노릇[36]과 여러 국가와 대륙에 걸친 글로벌한 돌봄의 연쇄 고리[37]가 등장한다.

이 같은 조건에서는 앞으로도 사적인 국제 네트워킹이 점점 더 많이 만들어질 것으로 예상된다. 동서의 경계가 무너지고 빈국과 부국이 점점 가까워지면(엄격한 차단 정책을 도입한다 한들 이런 경향을 영원히 막을 수는 없을 것이다) 서구의 복지국가들은 강력한 흡인력을 가지게 될 것이다. 이와 동시에 서구 국가에 자국 여성들의 동등한 직업 참여를 가능하게 해줄 공적인 인프라가 부족하다면, 이 여성들은 불가피하게 사적인 임시 해결책이나 생존 전략을 찾게 될 것이다. 성별 역할분담 영역에서 일어난 "미완의 사회혁명"[38] 때문에 가난한 외국 출신 여성들은 점점 더 부유한 지역에 사는 여성들에게 중요한 "직업의 밑천"이 된다.

전망

우리는 지난 40년의 역사를 다음과 같이 반짝반짝 빛나는 색채로 묘사할 수 있다. 경구피임약 덕분에 여성은 원치 않는 임신의 부담에서 해방되었고, 정치적이고 제도적인 변화들이 이루어져 아이와 직장의 관계가 어느 정도 쉬워졌으며, 이주노동 여성들의 수가 증가한 덕분에 가사와 육아의 일부를 그들에게 맡길 수 있게 되었다.

그러나 똑같은 역사를 음울한 색채로 그릴 수도 있다. 피임이 쉬워짐으로써 점점 더 많은 여성들이 첨단 의학기술의 고객이 되었고, 유연성과 탈규제의 명령 아래 놓인 노동세계는 아이에게 더 적대적으로 변했으며, 각 가정은 다양한 도우미들의 투입으로 점점 더 많은 조직화 비용과 계획적인 태도가 필요해졌다. 이는 여성들 사이에 새로운 형태의 사회적 불평등을 낳았고, 빈국과 부국의 빈부 격차가 부엌과 아이 방까지 들어왔다.

이런 묘사 중에서 어느 것이 맞는가? 내 생각에는 둘 다 진실의 한 단면을 담고 있다. 사람들이 어느 쪽을 선택하든 최소한 다음과 같은 사실은 분명하다. 현실의 조건이 현재와 같은 한, 이 나라의 아이들이 학교에 늦게 등교하고 낮에 일찍 하교하는 한, 언제 어디에나 항상 존재하는 어머니가 신화로 미화되고 직장이 있는 어머니들이 냉혹한 어머니로 낙인찍히는 한, 아버지들이 가사에 참여할 자세를 거의 보이지 않고 육아휴직이 전적으로 여성에게 맡겨지는 한, 아이를 가진다는 것은 여성에게 위험을 의미한다. 다시 말해 자신의 이력에서 엄청난 모험을 의미한다.

오늘날 여성들이 먼저 자기 삶의 토대를 확실히 하고 난 다음 늦은 나이에 아이를 가지거나 결국 아이를 가지지 못하게 된다면, 그것은 이와 같은 통찰의 결과인 것이다.

8장
미래 전망

기대에서 실망으로:
2세대의 불만

변화에 대한 결산이 양가적이라면 물컵의 절반이 찼다고 말할 수도 있고(낙관적 입장) 절반이 비었다고 말할 수도 있다(비관적 입장). 누가 어떤 시각으로 기울어지느냐는 단순히 개인적 특성에만 달려 있는 것이 아니라 나이와 성별 등에도 좌우된다. 아이를 가지려는 소망에 관한 논의에서 결정적인 것은 젊은 여성들이 변화의 결과를 어떻게 평가하느냐는 질문이다.

그에 대한 대답은 다음과 같다. 수많은 젊은 여성들의 눈에는 물컵의 반이 빈 것으로 보인다고. 그들은 기회균등이라는 신조와 함께 성장했고 이를 당연한 기준으로 삼고 있기 때문에, 역사적으로 이루어진 진전은 그들이 의식하지 못하는 일종의 배경일 뿐이다. 이에 반해 그들의 눈에 띄는 것은 지켜지지 않은 약속이라는 결핍 또는 결함이다.

최근에 편지를 교환하는 형식으로 모녀의 대화를 기록하여 출간한 책을 보면, 세대가 변화하면서 여성의 시각도 변화하는 것을 인상적으로 느낄 수 있다. 딸인 마야 온켄Maya Onken은 두 아이의 어머니이자 직업을 가진 젊은 성인으로서 이중 부담이 최고조에 이르는 시기에 있다. 모든 측면에서 스트레스, 모든 전선에서 스트레스, 쉴 새 없이 계속해서 달려가는 삶. 이것이 그녀가 하는 말에서 반복적으로 등장하는 멜로디다. 그녀의 성부는 비탄이며 그 가사는 분노와 환멸로 가득 차 있다. 이 책은 그녀가 어머니에게 보낸 첫 번째 편지로 시작하는데, 첫 문장부터 자유와 한 조각 자기 인생에 대한 동경을 다루고 있다.

어째서 엄마는 그것에 대해 경고하지 않았어요? … **엄마는 왜 내게 어머니가 된다는 것이 무슨 의미인지 말해주지 않았나요?** 의무나 책임에서 벗어나 아무 걱정 없이 마침내 다시 자기 자신으로 있고 싶은 … 단 일주일만이라도 혼자 있거나 아이에 대해 언급하지 않는 대화를 하고 싶은 … 냉정한 소망은 꺼낼 수도 없지요.[1]

이어지는 글에서 마야 온켄은 자신이 받은 교육의 목표들을 고찰한다. 그것은 다른 무엇보다도 독립을 위한 교육이었다. 그런데 이 교육이 성공함으로써, 아니 바로 성공했기 때문에 처음부터 갈등은 예정되어 있었다. 달리 말해 그녀는 어머니 역할을 위한 준비를 잘못했던 것이다.

엄마는 이런 요구 사항에 맞추어 날 준비시키지 않았어요. 엄마가 장려했던 개인주의는 아이들을 위해 나를 포기하는 가운데 계속해서 사라지고 있어요. 엄마는 직업과 삶의 기술적인 모든 것을 쉽게 해낼 수 있다는 자기신뢰를 세워줬죠. 그런데 부엌에 관한 부분만은 잊었어요. 엄마는 지적 능력을 일깨우고 창의적인 면을 촉진시켜 현재의 나 같은 여성이 되도록 만들었어요. 정말 대단해요. 유감스러운 것은 어머니 역할에는 이런 특성이 쓸모없고 유리하지도 않다는 것이에요.[2]

이에 반해 어머니의 편지는 기본 정조부터 완전히 다르다. 어머니 율리아 온켄Julia Onken은 68운동 세대의 성공한 작가로서 과거 여성운동가로 활동했다. 스스로 이중 부담의 고통을 충분히 겪어보았음에도 그녀의 인식 속에는 출발의 느낌과 거기에서 발생한 낙관주의가 우세하게 나타난다.

드디어 가정주부라는 노예선에서 벗어났다는 느낌, 드디어 직업 전선에 동참하고 나를 펼칠 수 있다는 느낌은 결코 불평할 생각이 든 적이 없을 정도로 감격적이었지. … 해방이란 우리 어머니와 할머니 들처럼 날개가 꺾이고 수프 속 닭고기처럼 바닥에 웅크린 삶에 대한 완전한 거부였어. … 우리가 획득한 자유와 더불어 가사와 가족을 다루는 기초 프로그램을 처리해야 한다는 과도한 요구를 새 시대의 도래에 대한 기대 덕분에 인지하지 못했지. … 새로 획득한 자유에 대한 기쁨이 너무 커서 통각 신경 전체가 마비되었던 거야.[3]

같은 나라에 사는 어머니와 딸, 즉 장년 여성과 젊은 여성은 여성의 삶에 나타난 변혁을 전혀 다른 시각에서 바라보고 있다. 이런 관점의 차이를 이해하기 위해서는 이민 연구 분야를 잠시 살펴볼 필요가 있다. 거기서 우리는 놀라울 정도로 비슷한 점을 발견할 수 있다. 최근의 연구들에 따르면 서로 다른 세대의 이민자들에게서 비슷한 관점의 차이가 나타나는 것이다.[4] 자신이 처한 삶의 상황을 평가할 때 나이 든 세대에서는 만족도가 비교적 높게 나타나는 반면 젊은 세대에서는 불만족이 확실히 더 많이 드러난다. 그리고 이런 사실은 수입이나 주거 수준, 노동조건 같은 기준에 비추어볼 때 젊은 세대가 나이 든 세대보다 객관적으로 더 나아졌는데도 그렇다.

이런 차이는 단순한 원인에서 비롯된다. 바로 기준이 서로 다르기 때문이다. 타지에서 일자리를 얻고 돈을 벌기 위해 고향을 떠나온 개척자

세대는 과거의 삶이 얼마나 가난하고 힘들고 협소한지를 직접 겪었다. 그에 비해 새로운 나라에서의 삶은 훨씬 편해졌다. 비록 다양한 형태의 차별을 겪어야 하지만 매일같이 살아남기 위한 투쟁은 하지 않아도 된다. 이민 2세대 자녀들은 과거의 궁핍한 생활을 전혀 알지 못하거나 단지 이야기로만 알 뿐이다. 그들은 새로운 나라에서 그곳의 소비 상품, 소득 기회, 복지 약속과 더불어 성장했다. 그런데 성장한 후에는 자신들이 다수 사회의 변두리라는 사실을 번번이 경험해야 한다. 마치 은밀한 분류 계획이 존재해 그들에게는 영원히 열악한 자리만 예약되어 있는 것처럼 말이다. 어디에나 존재하는 약속과 유보된 기회가 동시에 존재한다는 것은 혼란스럽고 굴욕적이다. 이는 실망을 넘어 반항적으로 후퇴하는 태도를 낳는다. 나이 든 세대가 옛 고향을 비교 기준으로 삼는 반면에 젊은 세대는 다수 사회의 젊은 남녀와 자신을 비교하기 때문에 상이한 이미지, 상이한 평가가 탄생한다. 차별의 고통은 젊은 세대에게 더욱 크게 느껴진다.

바로 이런 기준의 이동을 여성들의 경우에서도 발견할 수 있다. 제2차 세계대전이 끝나고 전후에 성장한 나이 든 여성들은 날개가 꺾인 채 종속되어 있으며 가정을 돌보느라 진이 다 빠진 어머니와 할머니의 모습을 보았기 때문에 자신의 청소년기에 시작된 기회의 개방을 진보이자 소득으로 여긴다. 이에 반해 젊은 여성들에게 윗세대 여성들의 궁핍함은 머나먼 옛날이야기다. 독립성과 자의식을 가지도록 교육을 받고 교육체계 안에서 남자 동기들과 동등한 성과를 내는, 아니 종종 더 뛰어난 젊은 여성들은 자신의 길을 남성들의 길과 비교한다. 그러나 더 빨리 승진하고 더 높이 올라가는 것은 언제나 남성들이고, 자신은 가정의 임무로 방해받거나 저지당하기 때문에 뒤처진다는 사실을 체험하게 된다. 기업의 위계질서 안에서 자신이 처한 지위에 관해 언급한 마야 온켄의 말을 다시 한 번 인용하자. 짧고 함축적이며 냉정한 그녀의 판단은 바로 "영원한 2인자"라는 것이다.

새로운 사장이 오면서 큰 기회가 생겼어요. "이제 협상해볼 수 있겠지. 임금 인상을 요구하고 싸워서 조건들을 얻어내야지. … [하지만] 나는 어떤 조건도 얻을 수 없어요. 아이가 있기 때문이죠. 내가 제시할 수 있는 것은 유연성 제로예요. 추가로 일을 하려면 최소한 일주일 전에는 미리 알려줘야 간신히 시간을 낼 수 있어요. 임금 인상은 요구하지 못하는데, [저녁 근무와 갑자기 주어지는 출장을 위한] 수용 능력이 제로이기 때문이에요. 이렇게 말할 수도 있겠죠. 어린이집은 아침 8시에 문을 열고 저녁 6시면 문을 닫는다고. … 난 승진을 할 수 있는 환상적인 여건이 생겼는데도 시도할 수가 없어요. 그렇기 때문에 아마도 영원히 2인자로 머물겠죠. … 1인자 자리는 아이들을 돌보는 아내가 있는 남자로 정해져 있고요. 아니면 의무가 제로이고 근무가 끝난 이후의 시간이나 주말에 대한 시간 감각이 전혀 없는 싱글 남성도 1인자가 될 수 있겠죠."[5]

편지와 경험을 교환하는 가운데 젊은 세대 여성들에게 쌓인 분노와 환멸이 어디에서 오는지가 점차 뚜렷이 나타난다. 어머니 율리아 온켄은 대조되는 세대 경험의 요점을 정확하게 지적한다.

우리 늙은 여성운동가들이 내재된 모든 능력을 실현시키는 행복에 여전히 취해 있는 동안 너희 세대는, 적어도 너희 세대 중 몇몇은 엄청나게 과도한 요구를 알아채고 울부짖는구나. 너희는 이론적으로 모든 직업 분야의 문이 열려 있는 데 이미 익숙해졌지. 그러나 여성이 어머니가 되는 순간 덫이 죄여오기 시작하지.[6]

젊은 세대 여성들은 동등한 권리와 균등한 기회, 그리고 자기 인생이라는 약속과 함께 성장했고 그 토대 위에서 자신의 미래를 계획했다. 그러나 곧 이 약속에는 작은 글씨로 인쇄된 안내문이 붙어 있다는 사실을 고통스럽게 확인해야 한다. "어머니들에게는 해당되지 않음!"이라고. 모든 여성이 대단한 경력을 추구하고 기업의 위계질서 안에서 1인자가 되려고 하기 때문에 실망하는 것이 아니다. 지금까지는 자신의 돈부터 시간을 마음대로 쓸 수 있는 것까지 일정한 권리와 자유가 당연히 자기 인생에 속하는 것이었는데, 아이와 더불어 커다란 전환이 이루어지기 때문이다. 〈제7차 가족 보고서〉의 전문가들은 이를 다음과 같이 표현했다.

어머니로의 이행은 "그때까지 발전된 우선순위의 변화"를 요구한다. "여성의 생활방식은 가족의 형성을 통해 본질적으로 남성보다 더 크게 변화된다. 아버지의 일상은 첫아이의 출산으로 별로 달라지지 않으며 특히 직업활동은 변함없이 지속되는 반면, 여성은 거의 모든 삶의 영역에서 일상생활을 재구성해야 한다. … 아이를 가지려는 생각이 실현될 경우 여성의 인생 계획은 뒤죽박죽으로 흔들리고 남성의 인생은 우선 생업 지향적으로 안정된다는 사실이 [오늘날에도 여전히] 유효하다."[7]

그러므로 오늘날 이곳에서 관례적인 형태로 어머니가 된다는 것은 개인의 이력에서 대전환을 의미한다. 그것은 친숙한 권리 및 특권의 박탈과 같은 의미다. 자유롭게 쓸 수 있다는 의미의 여가 시간이 갑자기 존재하지 않게 되는 대신 아이에 대한 지속적인 책임이 생긴다. 일상이 갑작스레 방 두 개짜리 아파트의 반경으로, 또는 시 외곽의 신도시에 있는 땅콩집의 한쪽으로 축소된다. 갑자기 자기 수입이 없어지고 경제적으로 종속된다. 오랫동안 받은 교육이 갑자기 쓸모없어지고 그림책, 모래상자, 놀이터처럼 어린이에게 적합한 장기 프로그램이 생긴다.

여성의 본질에 대해 선언하는 18~19세기의 이론에 따르면, 이런 전환은 여성에게 수월해야 한다. 왜냐하면 마침내 자신의 진정한 소명으로 돌아가는 것이기 때문이다. 그러나 연구와 체험수기 들은 다른 모습을 보여준다. 〈제7차 가족 보고서〉는 이를 다음과 같이 요약한다. 어머니/부모가 되면 많은 부부들에게서 전통적인 형태의 역할 분담이 슬그머니 나타난다. 이는 타협과 합의의 결과라기보다는 모르는 사이에 서서히 그렇게 되는 것이다. 따라서 어머니들은 "가정을 이루고 몇 년이 지나면 그들이 원치 않았고 의식적으로 선택한 적이 없는 상황에 놓인 자신을 발견하게 되곤 한다".[8]

이런 현실은 인구학적 결과를 초래한다. 실망에 찬 분위기는 출산을 촉진시키지 않기 때문이다. 다시 한 번 마야 온켄의 말을 인용해보자. 유보된 기회와 지켜지지 않은 약속이라는 주제를 중심으로 이야기하는 그녀는 언론의 인구학 논쟁을 "아이를 더 많이 낳으라는 중세 신사들의 히스테리에 가까운 호소"라고 보며 출생률 저하가 "**완전히** 이해된다"라고 언급한다. 여성들이 자신의 욕구와 관심과 소망이 더는 잘려나가지 않도록 "비상 브레이크를 밟은 것이다. 그들은 더이상 아이를 가지지 않을 뿐이다". 온켄은 앞으로의 발전 방향도 마찬가지라고 생각한다. "만약 직장 여성의 조건이 계속 이렇게 힘들게 유지된다면" 출생률은 "계속해서 감소할 것"[9]이라 예상하는 것이다.

이것은 예외적인 목소리일까? 경험적 연구들은 온켄의 평가가 정확하게 들어맞을 수 있다는 사실을 보여준다. 최근의 연구에 따르면 출생률뿐만 아니라 아이를 가지려는 생각 자체도 줄어들고 있다. 몇 년 전만 해도 실제로 아이를 낳는 여성 수에 비해 훨씬 더 많은 수가 아이를 바라는 것으로 나타났던 것에 반해 최근에는 확실히 "더 현실적으로"

소망을 형성하게 되었다. 말하자면 하향 조정된 것이다.[10] 출산을 결심하는 20~39세 여성들의 경우 1988년만 해도 원하는 자녀 수가 평균 2.15명이었는데, 20년도 채 지나지 않은 2005년에는 평균 1.75명으로 감소했다.[11] 출생률이 다시 상승하리라는 징후는 그 어디에서도 찾을 수 없다. 오히려 해가 갈수록 출생률 저하는 더 심각해질 것이다.

이런 상황에 위험 소지가 상당히 많다는 사실을 인식하기 위해 쉬르마허 식의 요란한 경고에 귀를 기울일 필요는 없다. 믿을 만한 위원회들과 연구 보고서들이 오래전부터 다음과 같은 사실을 알려주었다. 문제는 우리가 적어진다는 것이 아니라 인구의 연령 구조가 엄청나게 빠른 속도로 변화하고 있다는 사실이다.[12] 우리는 "인구학적 혁명의 한가운데 있으며 조만간 모든 사회 구성원과 사회 분야가 이를 맞닥뜨리게 될 것이다. 그 혁명이란 가차 없이 진행되는 국민의 노령화다."[13] 인구학적 혁명은 사회체제와 정치체제를 거대한 도전에 직면하게 함으로써 진동과 단층과 균열을 만들어낸다. 고통스러운 도려내기와 경제적 손실, 정치적 논쟁과 긴급한 윤리적 질문이 예상된다.[14]

그렇다면 무엇을 해야 할 것인가? 좌절된 기대와 인구학적 결과를 저지할 수 있는 방법은 무엇인가?

최근 정치권과 언론에서 나도는 제안들은 거칠게 요약해 두 가지 모델로 나눌 수 있다. 두 모델 다 젊은 여성들의 좌절된 기대에서 벗어날 출구를 찾으려 하지만 지극히 다른 방식으로, 심지어는 서로 반대되는 방식으로 시도한다. 이제부터는 두 가지 모델의 내용과 성과에 대한 전망을 살펴볼 것이다.

모델 1: 여성의 특수한 역할로 되돌아가는 전진

인구학 논쟁을 촉발시킨 쉬르마허의 책은 여성과 가족을 자연에 의해 정해진 사회의 구원 단위로 보며, 몰아와 헌신을 여성의 고귀한 임무로 설명한다. 이는 여성이 근대 세계에서 내쫓기는 것이자 근대 세계와 결부된 요구와 약속에서 쫓겨나 가정이라는 보호지구에 머물도록 지정되는 것을 의미한다.

쉬르마허는 그동안 여론의 경기장에서 우군을 얻었다. 대규모의 첫 지원은 〈슈피겔〉 쪽에서 나왔다. 그다음에는 여성 앵커 에바 헤르만이 쉬르마허 식의 생물학주의에 남성의 강함과 여성의 보호 본능에 관한 이야기로 19세기의 키치적인 목가적 풍경을 덧붙였다.[15] 언론에서 보도하는 것처럼[16] 헤르만은 그사이 텔레비전 앵커 자리를 휴직했다. 쉬르마허 책에서 영감을 받았을 뿐만 아니라 아마도 그의 성공에 영감을 받아 자신의 테제를 책으로 확장시키기 위해서다. 그녀는 이미 과거에도 《수유의 행복Vom Glück des Stillens》과 《내 아이는 밤새 깨지 않고 푹 잔다Mein Kind schläft durch》 같은 책을 낸 적이 있는데, 새 책에서는 남녀의 역할 분담이라는 주제를 상세히 다룰 예정이라고 한다. 출판사의 예고에 따르면 "가정과 사회 전체를 멸종의 위기에서 지키기 위해서"라는 것이다. 책 제목은 헤르만 식의 여성성을 보장해준다는 의미에서 "이브 원칙"(에바는 이브의 독일어 표현―옮긴이)이다. 그 학습 목표가 무엇일지 짐작이 간다.

예상한 결과를 얻어 목표한 선동이 판매량으로 전환되면 쉬르마허와 〈슈피겔〉, 그리고 헤르만은 곧 또다른 후계자들을 찾을 것이다. 그러므로 그들의 프로그램을 좀더 정확하게 고찰해보는 것은 의미가 있다. 개별적으로 차이가 있긴 하지만 이들에게 공통된 핵심은 몰아와 여성성, 그리고 자궁 십자공로훈장이 혼합된 여성의 특별한 역할이다.

이 모델은 매우 단순해 보일 수 있지만 분명히 내적인 논리를 지니고 있다. 다음 세대의 여성들에게 '여성적' 가치와 임무를 갖추도록 가르치는 데 성공한다면 평등 및 기회균등과 관련된 기대는 다시 작아질 것이다. 큰 기대가 없는 곳에서는 큰 실망도 생길 수 없다. 그러면 여성들은 다시 아이를 가지려고 할 것이다.

그러나 문제는 이 모델을 과연 어떻게 실현시킬 수 있느냐 하는 것이다. 이 문제는 이들의 설계 안에서 불분명하게 남아 있다. 따라서 우리 스스로가 적합한 제안을 찾아야 한다. 어쩌면 멋지게 연출된 광고 캠페인이나 인터넷 배너 광고나 시민학교를 통해 때로는 직접적으로, 때로는 섬세하게 진정한 여성성을 찬미하는 노래를 반복할 수 있을 것이다.

어쩌면 "여성에 대해 알기"라는 제목을 달고 국가의 재정 지원을 받는 계몽 세미나를 열어, 이를테면 교육 수준이나 계층에 따라 다양하게 바꾸어가며 겸손 같은 가치를 찬양할 수도 있을 것이다. 어쩌면 쉬르마허와 헤르만의 저작 같은 것을 공공기금에서 지원하고 학교와 청소년 클럽과 도서관에 진열해놓을 수도 있을 것이다.

이런 제안이 풍자처럼 느껴지는 것은 우연이 아니다. 우리는 작금의 사회 현실에서 그것들이 쓸모없다는 사실을 어렴풋이 느끼기 때문이다. 짐작컨대 젊은 여성들은 그런 종류의 광고 캠페인을 보면 아마도 화가 나거나 우습다고 생각할 것이다. 그들은 매혹과 당혹이 뒤섞인 감정으로 그것을 바라보거나 아니면 아예 무시할 것이다. 그들은 그런 캠페인을 진지하게 받아들이지 않고 아무런 영향도 받지 않을 것이다. 오히려 교황의 경구피임약 금지 명령을 들은 수백만의 여성 신자가 그랬듯이 캠페인을 따르지 않을 것이다. 자기 자신을 버리라는 명령? 실습과 취업 경쟁에서 자신을 주장해야 하는 여성들은 웃지 않을 수 없다. 연출된 가정적 이미지를 불쾌하고 위협적으로 느껴 아이를 가지고 싶은 마음이 위축될 수도 있다. 그전까지는 아이를 낳을 생각이 분명히 있었는데도 말이다. 결국 그렇게 되면 기대했던 것과는 전혀 다른 결과가 생길 수도 있다. 언론인 주자네 가슈케는 인구학 논쟁에 대해 언급하며 이미 이런 문제를 예상했다. 그녀는 "생식을 위한 선동전은 … 가정에 대한 열광의 마지막 남은 여분마저 무너뜨리기에 알맞다"[17]라고 지적했다.

오늘날 젊은 여성들은 평등과 기회균등, 그리고 자기 인생에 대한 기대에 감염되어 이미 변질되었다. 그들은 부드러운 영혼의 마사지를 통해 쉽게 바뀌지 않는다. '가벼운 역할 훈련' 프로그램으로는 진전을 이룰 수 없다.

따라서 더욱 강력한 조치를 취해야 한다. 어떤 것이 있을 수 있을까? 상상력을 마음껏 발휘해보자. 여성의 자유 충동이 시작되는 것을 봉쇄하기 위해서는 훨씬 이른 발달기에 시작해야 할 것이다. 논리적으로 생각해보면 이 말은 우리에게 교육학적 전환이 필요하다는 것이다. 의식적으로 성별에 따른 교육과 그 목표로 돌아가야 한다. 성공을 보장하기 위해서는 독립적인 사고를 요구하고 장려하는 모든 교육 내용을 교과 과정에서 삭제해야 한다. 더 좋은 것은 소녀들이 상급 학교에 진학하는 것을 금지하는 일이다. 또한 독서도 금지해야 하는데, 독서는 자신만의 사고와 소망 및 주장을 갖게끔 부추기기 때문이다.

이것이야말로 '강력한 역할 훈련'일 것이다. 그러나 이런 버전마저 성공을 거두지 못하리라는 사실은 쉽게 예상할 수 있다. 첫째, 그것은 기초적인 기본권을 제한하는 것이기 때문에 법률에 위반된다. 둘째, 그것은 역사적 경험과 모순된다. "반쪽짜리 근대"[18]가 19세기에도 성취되지 못했다면 벌써 두 세기가 지났고 몇 단계의 근대화의 도약을 거친 오늘날에 어떻게 그것이 가능하겠는가? 셋째는 남성과 관계된 것이다. 젊은 남성 중 얼마나 많은 수가 자신들에게 평생 외벌이/주벌이의 역할을 맡도록 강제하는 가족 모델을 원하겠는가? 얼마나 많은 남성들이 이와는 반대로 배우자가 수입에 크게 기여하는 모델을 원하는가? 넷째는 경제와 노동계에 관한 것이다. 세계화와 과학기술의 시대에는 여성적 특질만을 지닌 노동력에 대한 수요는 거의 존재하지 않는다. 그런데 여성성만을 갖도록 교육함으로써 직업세계에서 여성이 쓸모가 없어진다면 누가 그 자리를 대신한단 말인가? 성별로 특화된 교육이 또다시 이루어진다면 직업세계는 어떤 모습이 될까? 간호사와 여의사, 미용사와 여교사, 그리고 수많은 직장 여성들의 노동을 과연 누가 맡을 것인가?

'여성의 특수한 역할'이라는 모델이 실제로 어떻게 실현될 수 있을지 질문하자마자 약한 형태로든 강한 형태로든 그 모델이 실현될 수 없다는 사실이 금세 분명해졌다. 그것은 향수 어린 신화로서 지금의 사회 현실에는 쓸모가 없다. 몇몇 사람들이 여전히 그런 꿈을 꾼다 한들 여성의 특수한 역할이라는 모델로는 출생률 저하를 멈출 수 없다. 그것은 근사한 출구가 아니라 막다른 골목일 뿐이다.

모델 2: 평등에 다가갈수록 늘어나는 아이들

학술적 연구를 보면 전혀 다른 제안들과 마주치게 된다. 권위 있는 사례로 전문가들의 최신 연구를 모아놓은 〈제7차 가족 보고서〉를 살펴보자. 이 보고서는 사실 이해하기 쉽지 않은 학술서의 특징을 모두 갖추고 있다. 문장은 길고 복잡하게 얽혀 있으며 종속절과 삽입문투성이인 데다 학문적 신중함과 정치적 고려로 가득 차 있다. 그럼에도 여기에서 출생률 저하와 젠더 관계와 관련된 제안들을 찾을 수 있다. 핵심을 요약하면 다음과 같다. 아이를 가지려는 마음을 북돋우기 위해서는 젠더 관계의 변화를 고려하여 동반자 관계에 기초한 형태를 가능하게 만드는 가족정책이 필요하다는 것이다.

> 가족을 이루는 일이 앞으로 어떻게 될 것인지는 생업에 참여하는 구성원과 가사에 참여하는 구성원이 가족을 얼마나 새롭게 생각할 수 있는지에 달려 있다. … 동반자 관계에 기반을 두고 가족을 구성할 수 있도록 장려하는 것이 중요하다. 시대의 특징을 앞서 파악한 다른 유럽 국가들은 부모의 직업 활동과 가사활동을 집 밖의 육아지원제도들과 똑같이 정상적인 경우로 지원하기 시작했다.[19]

출생률 저하와 출산 의지를 직접 다룬 전문가 보고서 두 개를 더 살펴보자. 두 보고서 모두 놀라울 만큼 정확하게 조사 결과를 제시하고 있으며 진술의 내용은 더욱 명확하다. 연방인구연구소가 수행한 〈독일의 출산 의지Kinderwünsche in Deutschland〉라는 연구는 "평등이 더 필요하다"[20]라고 제안한다. 베를린인구발전연구소가 수행한 〈여성해방이냐 자녀 수

당이냐?^{Emanzipation oder Kindergeld?}〉라는 연구 결과도 이와 비슷하다. 요약하자면 여성해방을 지향하는 정책이 경제적 지원보다 훨씬 효과적이라는 것이다.

> 오늘날 모든 서유럽 국가의 여성들은 독립과 직업적 발전을 포기하느니 차라리 아이를 포기한다. … 출산 장려금이나 자녀 수당 또는 기타 정부 보조금을 올리는 것은 현대 산업사회에서 자녀를 더 많이 가지도록 동기를 부여하는 데 그다지 결정적으로 보이지 않는다. 좀더 결정적인 것은 사회에서의 남녀평등이다.[21]

학자들이 제안하는 것은 동반자 관계, 남녀평등, 여성해방이다. 독립과 자기 인생에 대한 젊은 여성들의 기대를 수용해 살릴 수 있어야 한다는 것이다. 이것이 우리의 두 번째 모델로, 쉬르마허 식 테제의 반대 버전이다. 기회균등에 대한 기대와 실제 현실 사이의 간극이 기대를 낮추는 방식으로 해결되어서는 안 되며, 현실에서 기회균등이 더 많이 실현될 수 있도록 해야 한다는 것이다. 구호는 "여성의 기대를 후퇴시켜라"가 아니라 "그것을 제도적으로 지원하고 목적의식적으로 정치적 노력의 중심에 밀어넣어라"다.

동반자 관계, 남녀평등, 여성해방이라는 표제어들은 마치 1970년대의 여성운동 서적에서 끄집어낸 것처럼 보인다. 이것이 학자들의 진술이라는 완전히 다른 형태로 되돌아왔으니 이 얼마나 놀라운 변화인가. 그것은 혁명적 파토스 대신 경험적 데이터에 근거한 냉철하고 객관적인 진술이며 현재의 사회 상황에 대한 객관적 사실들의 결산이다. 전문가들의 메시지는 단순하다. 현대사회가 자녀를 더 많이 가지기 원한다면 더 많은 평등을 제공해야 한다는 것이다. 남녀평등 없이는 출생률 증가도 얻을 수 없다.

이런 메시지가 정치적인 행위로 바뀐다면 다양한 사회 영역에 걸쳐 진동이 감지될 것이다. 처음부터 끝까지 남녀평등을 주도적인 목표로 삼고 제도를 개선하는 일이 필요하다. 이와 관련해 〈제7차 가족 보고서〉의 제안을 읽어보자. 이 글은 극히 다양한 정책 분야를 여러 갈래로 세세히 나누어 상술하는데, 그 모든 것의 핵심에는 늘 똑같은 통찰이 있다. 새로운 형태의 인생행로나 배우자 관계나 부모 노릇이 나타날 수 있는 가능성은 사회적 제도의 네트워크, 즉 복지국가, 교육 시스템, 노동계, 법률 등의 기존 제도들과 연결되어 있다는 것이다. 따라서 역사적으로 자라난 제도적 규정이라는 단단한 건물을 움직여 새로운 기대들에 열리도록 만들려면 목적의식적인 정치 행동이 요구된다.

남성 육아휴직제도의 도입을 예로 들어보자. 이 발의가 처음 격렬한 저항에 부딪힌 것은 결코 우연이 아니다. 단지 이상적인 모델이라는 의식 차원에서만 변화가 생기는 것이 아니라, 일상생활에서 아버지들이 육아 임무를 다하도록 위에서부터 정해지는 것처럼 보였기 때문이다.

그리고 이것이 전략적으로 중요한 시기, 즉 아버지와 어머니의 새로운 역할에 대한 실험이 막 이루어지는 초창기였기 때문이다. 남성 육아휴직제도는 성별에 따라 고정된 역할 분담을 '느슨하게 만드는 데' 기여하는 정책이라는 큰 틀에서 작지만 중요한 초석이다. 최소한 정치적 의도는 그렇다. 거부와 지속적인 저항의 태도를 보인 사람들의 두려움 또한 이 지점일 것이다.

이 어찌 된 이성의 간계이며 예상하지 못한 반어적 전환인가! 과거 급진적 여성운동가들의 출산 파업 호소는 아무런 영향을 미치지 못했으나, 그들이 성공하지 못했던 것을 이제 평범하며 혁명과는 거리가 먼 수많은 젊은 여성들이 이루어낸 것이다. 각자가 개인적으로, 또 급속히 성장하는 집단의 한 부분으로 출산을 미루거나 적게 낳거나 완전히 포기하는 방식으로 자신들의 반발을 보여주며 한 조각 나만의 인생에 대한 기대를 포기하지 않음으로써 그들은 새로운 발전을 위한 계기를 제공했다. 갑자기 사회와 정치와 언론에서 여성의 기대를 파악하고 그에 맞춰 제도를 새롭게 만들려는 의지가 증가한 것이다.

이제는 이런 통찰이 다양한 방식의 저항에 맞서 실제 현실로 옮겨질 수 있는지를 살펴보아야 한다. 다른 유럽 국가들을 보면 세계화라는 조건에서도 약속을 통해 가정과 아이에게 적대적인 노동계를 부분적으로 제어할 수 있다.[22] 적어도 스톡홀름과 같은 곳에서는 젊은 남성들이 얼마나 자연스럽고도 적극적으로 아버지 노릇을 실천하는지를 생생히

볼 수 있다. 최근 몇 달 동안 독일의 가족정책은 움직이기 시작했다. 남성의 육아휴직이 시행되었고, 얼마 전까지만 해도 건드릴 수 없었던 부부 단위 과세가 기민당 내에서도 공공연한 문제로 부각되었으며, 무자비한 어머니나 방치를 연상시키며 교육적 원죄라는 악의적인 시선에 갇혔던 영아의 시설보육이 오명을 벗고 조기교육의 가능성으로 인식되고 있다. 가족부 장관은 개인적으로 자랑스러운 경력이라 내세우기도 했다.

몇 년 전 노르웨이에서 개최된 가족학 학회에서 노르웨이의 여성 정치가가 유럽 여러 나라의 출생률을 비교한 다음 이렇게 정리했다. 교황에 가까이 가면 갈수록 아이가 적어진다는 것이다. 이에 빗대 다음과 같이 표현할 수도 있을 것이다. 남녀평등에 가까이 갈수록 아이들이 많아진다고. 이것은 독일에서 아이에게 우호적인 새로운 가족정책을 위한 모토이자 중심 상징이 될 수 있다.

마지막으로 조심스러운 희망을 가지고 다음과 같이 질문하겠다. 40년 동안 출생률 감소가 이어진 후에는 더이상 물컵이 절반 빈 상태가 아니라 절반 차 있는 상태가 되어야 마땅하지 않겠는가?

이 책은 독일의 사회학자 엘리자베트 벡 게른스하임의 《Die Kin-
derfrage heute — Über Frauenleben, Kinderwunsch und Ge-
burtenrückgang》(C.H.Beck, 2006)를 옮긴 것이다. 이 책의 독일어본
은 1988년에 출간된 《Die Kinderfrage. Frauen zwischen Kinder-
wunsch und Unabhängigkeit》(C.H.Beck)의 개정판에 해당한다. 그
런데 독일어 초판과 개정판 사이에는 상당한 차이가 있다. 초판 출간
후 20년 가까이 시간이 흐르면서 여성과 아이 문제를 둘러싼 현실이 크
게 변화했고, 그에 대한 새로운 논의와 연구도 활발하게 이루어졌다.
이 책은 이러한 현실을 반영하여 절반 정도가 새로운 내용으로 채워졌
고, 제목 또한 "아이 문제-아이와 독립 사이에 놓인 여성"에서 "오늘날
의 아이 문제-여성의 삶과 출생률 감소, 그리고 아이에 대한 소망"으로

바뀌었다. 그런 점에서 이 책은 사실상 새로운 책이라 할 수 있다.

이 책은 다분히 독일 현실과 논쟁에 바탕을 두고 쓰였지만 오늘날 한국 현실에 시사해주는 바가 크다. 우리 사회 또한 세계 최저 수준의 출생률과 급속하게 진행되는 노령화, 일과 가정의 양립 문제, 육아와 교육 문제 등을 겪고 있기에 이 주제들에 대한 저자의 논의와 통찰은 지금의 한국 현실로 바꾸어 읽어도 크게 다르게 느껴지지 않는다.

'아이 문제'는 단순히 아이를 낳고 키우는 여성만의 문제가 아니다. '아이 문제'는 곧 남성의 문제이기도 하고 가족의 문제이며, 결국 사회 전체의 문제다. 저자는 이러한 관점에서 근대 사회와 여성, 여성과 모성, 어머니와 아이, 그리고 아이와 사회라는 서로 얽히고설킨 고리들을 역사적인 맥락과 오늘날의 상황을 요령 있게 관통하면서 살핀다. 이를 통해 독자는 오늘날 한국 사회가 처한 아이 문제의 본질이 무엇이고, 그것을 해결하기 위해서는 어떤 방향으로 나아가야할지 시사점을 얻을 수 있을 것이다.

개인적으로 이 책의 초판 《Die Kinderfrage》를 번역한 적이 있다 (《내 모든 사랑을 아이에게?- 한 조각 내 인생과 아이 문제》, 새물결, 2000). 그 인연으로 엘리자베트 벡 게른스하임이 자신의 남편이자 역시 저명한 사회학자인 울리히 벡과 함께 쓴 《Fernliebe: Lebensformen im globalen Zeitalter》도 한국어로 옮기게 되었다(《장거리 사랑》, 이재원·홍찬숙 공역, 새물결, 2012). 두 권의 책은 저자의 대표 저작이기에 나름

보람이 컸다. 그런데 이제 개정판인 이 책까지 번역하게 되어 더욱 뜻깊게 생각한다. 이 책을 번역할 기회를 주고 편집의 수고를 아끼지 않은 알마 출판사와 편집자, 그리고 번역에 도움을 주신 분들께 감사드린다.

2014년 1월

이재원

1장 인구학 논쟁: 이슈가 된 출생률 감소

1 | Schirrmacher 2006.

2 | 〈Spiegel〉, 제10호, 2006.

3 | 위의 글, 78쪽.

4 | 위의 글, 77쪽.

5 | 위의 글, 81쪽.

6 | 위의 글, 77쪽.

7 | 위의 글, 86쪽.

8 | 위의 글, 78쪽.

9 | 위의 글, 78쪽.

10 | 위의 글, 80쪽.

11 | Kröhnert/Medicus/Klingholz 2006, 3쪽.

12 | Kaufmann 2005, 116쪽 이하.

13 | Bischof Wolfgang Huber: Kinder, kein Job wie Jeder, 〈Die Zeit〉, 제15호, 2006, 8쪽.

14 | "Unterjüngtes Deutschland"(노년 인구 분포 도표에 붙은 제목), 〈Frankfurter Allgemeine Zeitung〉, 2006. 6. 28.

15 | Andreas Kilb: Zeigt her eure Kinder, 〈Frankfurter Allgemeine Zeitung〉, 2006. 4. 28.

16 | Christian Schwägerl: Schwundland, 〈Frankfurter Allgemeine Zeitung〉, 2006. 3. 15.

17 | Hradil 2004, 47쪽 이하 참조.

18 | 〈BiB(연방인구연구소) 보고서〉, 제1권, 2006, 13쪽.

19 | FAZ.NET, 2006. 3. 15.

20 | 〈BiB 보고서〉, 제1권, 2006, 13쪽.

21 | www.destatis.de/download/d/bevoe/bevoe_1946_2005.xls

22 | 〈BiB 보고서〉, 제1호, 2006, 33쪽.

23 | Ralf E. Ulrich: Wir sterben immer wieder aus, 〈Die Welt〉, 2006. 5. 11.

24 | Gustav Seibt: Dreißig Jahre nach zwölf, 〈Süddeutsche Zeitung〉, 2006. 5. 4.

25 | Susanne Gaschke: Wenn Männer dröhnen, 〈Die Zeit〉, 제13호, 2006.

26 | 위의 글.

27 | Iris Radisch: Der Preis des Glücks, 〈Die Zeit〉, 제12호, 2006.

28 | 위의 글.

29 | 위의 글.

30 | Gaschke, 앞의 글.

31 | Alice Schwarzer 인터뷰, 〈Spiegel〉, 제22호, 2006, 94쪽 이하.

32 | Stefan Dietrich: Vergiftetes Geschenk, 〈Frankfurter Allgemeine Zeitung〉, 2006. 5. 5.

33 | Andreas Kilb: Zeigt her eure Kinder, 〈Frankfurter Allgemeine Zeitung〉, 2006. 4. 28.

34 | Andreas Kilb: Kindvergessen, 〈Frankfurter Allgemeine Zeitung〉, 2006. 3. 30.

35 | Josef Joffe: Kinderschwund - na und?, 〈Die Zeit〉, 제13호, 2006, 1쪽.

36 | Alex Rühle: Cappuccino-Luder, 〈Süddeutsche Zeitung〉, 2006. 4. 27.

37 | Alice Schwarzer 인터뷰, 〈Spiegel〉, 제22호, 2006, 94쪽.

38 | 〈Frankfurter Allgemeine Zeitung〉의 논평, V.Z.: Elche, Liebe, Hoffnung, 2006. 5. 3.

39 | Stefan Dietrich: Vergiftetes Geschenk, 〈Frankfurter Allgemeine Zeitung〉, 2006. 5. 5.

40 | 위의 글.

41 | Torsten Schumacher: Mehr Ehrlichkeit, bitte!, 〈Cicero〉, 제6권, 2006, 80쪽.

42 | 〈Frankfurter Allgemeine Zeitung〉의 논평, V.Z.: Elche, Liebe, Hoffnung, 2006. 5. 3.

43 | Georg Paul Hefty: Emanzipation mit Kind, 〈Frankfurter Allgemeine Zeitung〉, 2006. 3. 18.

44 | 〈Spiegel〉, 제10호, 2006, 85쪽.

45 | 위의 글, 79쪽.

46 | 위의 글, 86쪽.

47 | 위의 글, 85쪽.

48 | 위의 글, 84쪽.

49 | 〈Frankfurter Allgemeine Zeitung〉의 논평, V.Z.: Elche, Liebe, Hoffnung, 2006. 5. 3.

50 | Ulrich Greiner: Was der Mann nicht kann, 〈Die Zeit〉, 제15호, 2006, 67쪽.

51 | Eva Herman: Die Emanzipation – ein Irrtum?, 〈Cicero〉, 제5권, 2006, 114쪽 이하.

52 | Theodor Hellbrügge: Mütter sind Kulturträger, 〈Cicero〉, 제6권, 2006, 82쪽.

53 | Elisabeth Vogelheim: Dürfen Frauen Karriere machen?, 〈Brigitte〉, 제10호, 2006, 250쪽.

54 | Johanna Adorján: Was ist nur mit den Frauen los?, 〈Frankfurter Allgemeine Sonntagszeitung〉, 2006. 3. 19.

55 | Vogelheim, 앞의 글.

56 | Vogelheim, 앞의 글.

57 | Rühle, 앞의 글.

58 | Susanne Mayer: Im Land der Muttis, 〈Die Zeit〉, 제29호, 2006, 49~50쪽.

59 | Sandra Kegel: Es muß passen, 〈Frankfurter Allgemeine Zeitung〉, 2006. 5. 11.

60 | Adorján, 앞의 글.

61 | Radisch, 앞의 글.

62 | Elias 1985, VIII쪽.

2장 나만의 인생이라는 기회와 강요

1 | Berger u. a. 1975, 168쪽.

2 | 위의 책.

3 | Riesman 1956 참조.

4 | Berger u. a. 1975, 159쪽.

5 | Wysocki 1980.

6 | Lasch 1977.

7 | Berger u. a. 1975, 42쪽.

8 | Kohli 1986, 185쪽.

3장 모성애의 역사

1 | Imhof 1984, 20쪽.

2 | Rosenbaum 1982, 76~77쪽.

3 | Shorter 1977; Badinter 1981.

4 | Schütze 1983, 58쪽에서 재인용.

5 | Bernard 1979, 122쪽.

6 | Behrens 1982, 69~70쪽.

7 | Hausen 1976.

8 | Blinn 1984, 69쪽에서 재인용.

9 | Richmond-Abbott 1983, 1쪽에서 재인용.

10 | Behrens 1982, 69쪽.

11 | Skolnick 1979, 306~307쪽.

12 | Bäumer 1902, 69쪽에서 재인용.

13 | Simmel 1980, 55쪽에서 재인용.

14 | Badinter 1981, 193쪽에서 재인용.

15 | Ostner/Krutwa-Schott 1981, 20쪽.

16 | 위의 책, 25쪽에서 재인용.

17 | Kössler 1979, 37쪽에서 재인용.

18 | 위의 책, 38쪽에서 재인용.

19 | Bäumer 1902; Tornieporth 1979.

20 | Appelius, Bäumer 1902, 94쪽에서 재인용.

21 | De Lagarde, Bäumer 1901, 71쪽에서 재인용.

22 | Langer-El Sayed 1980, 56~58쪽.

23 | Gerhard-Teuscher 1983, 244쪽.

24 | Hausen 1976, 372쪽.

25 | Beck 1986, IV장.

26 | Schlumbohm 1983, 14쪽.

27 | Aries 1978, 209쪽.

28 | 예를 들면 Bolte 1980, 68~69쪽; Flintner 1982.

29 | Castell 1981.

30 | Schlumbohm 1983, 53~54쪽.

31 | Flintner 1982, 21쪽.

32 | Flintner 1982; Rutschky 1977.

33 | Rutschky 1977, 37~38쪽에서 재인용.

34 | Kleist 1800, Behrens 1982, 259쪽에서 재인용.

35 | Ehrenreich/English 1979; Margolis 1984; Ryan 1982; Schütze 1986.

36 | Blinn 1984, 140쪽.

37 | 위의 책, 157~158쪽.

38 | Wilbrandt 1902, 389쪽.

39 | Balzac 1981, 185쪽, 201~202쪽, 205쪽, 240쪽, 283쪽.

40 | 19세기 말 어느 미국 의사의 말, Heintz/Honegger 1981, 34쪽에서 재인용.

41 | Ehrenreich/English 1979, 109쪽에서 재인용.

42 | Ehrenreich/English 1979 참조.

43 | Blinn 1984, 187~188쪽.

44 | Behrens 1982, 150쪽에서 재인용.

45 | Badinter 1981, 198쪽에서 재인용.

46 | Badinter 1981; Rosenbaum 1982.

47 | Badinter 1981.

48 | Balzac 1981, 73쪽, 210쪽, 247쪽, 250쪽.

49 | Donzelot 1979, 34쪽.

50 | 위의 책에서 재인용.

51 | Schütze 1986, 27~28쪽.

4장 제1차 출생률 감소: 19세기 말의 여성과 어머니

1 | Ibsen 1973, 826쪽.

2 | Willms 1983a, 1983b.

3 | Willbrandt 1902, 208쪽.

4 | Louise Otto-Peters, Brinker-Gabler 1979, 115쪽에서 재인용.

5 | Wilbrandt 1902, 28쪽.

6 | 위의 책, 132쪽.

7 | Joksch, Müller 1981, 51쪽에서 재인용.

8 | Tilly/Scott 1978, 116쪽.

9 | Baruch u. a. 1983, 120쪽에서 재인용.

10 | Schulte 1983, 115쪽.

11 | Müller 1981, 69쪽.

12 | Margolis 1984, 38쪽에서 재인용.

13 | Ehrenreich/English 1979.

14 | 위의 책, 173쪽.

15 | Badinter 1981, 172쪽.

16 | Ehrenreich/English 1979, 173쪽.

17 | 위의 책, 183쪽에서 재인용.

18 | 위의 책, 171쪽에서 재인용.

19 | Heintz/Honegger 1981, 38쪽.

20 | Gordon 1977, 112~113쪽.

21 | 위의 책 113쪽에서 재인용.

22 | 예를 들면 Janssen-Jurreit 1979; Schenk 1980.

23 | Bäumer 1901, 104쪽. 1897년에 나온 Langes의 글을 인용함.

24 | Stoehr 1983.

25 | Wilbrandt 1902, 2쪽과 389쪽.

26 | Gordon 1977, 110쪽.

27 | Ehrenreich/English 1979, 3쪽에서 재인용.

28 | Brinker-Gabler 1979, 246쪽.

29 | Shorter 1973, 621쪽.

30 | Shorter 1973.

31 | 위의 책, 615쪽.

32 | 위의 책, 612쪽.

33 | 위의 책, 631쪽.

34 | Zetkin 1889, Brinker-Gabler 1979, 144쪽에서 재인용.

35 | Salomon 1906, Brinker-Gabler 1979, 197쪽에서 재인용.

36 | Degler 1980.

37 | 위의 책, 192~193쪽.

38 | Smith 1981, 319쪽.

39 | Degler 1980, 63~65쪽.

40 | 위의 책, 189쪽.

41 | 위의 책.

42 | Newston 1881, 123쪽.

43 | Ehrenreich/English 1979, 제4장

44 | Tolstoja 1982, 393쪽.

45 | 위의 책, 345쪽.

46 | 위의 책, 390쪽.

47 | 위의 책, 321쪽.

48 | 위의 책, 379쪽.

49 | 위의 책, 325~328쪽.

50 | Chopin 1980, 16~17쪽과 177~178쪽.

51 | Praesent 1983, 9~10쪽.

52 | Smith 1981, 314쪽.

53 | Degler 1980, 206쪽과 201~202쪽.

54 | 위의 책, 202쪽에서 재인용.

55 | Degler 1980; Luker 1984; Margolis 1984.

56 | Degler 1980, 247쪽.

57 | 위의 책, 246쪽.

58 | Luker 1984, 40쪽 이하.

59 | Degler 1980, 246쪽.

60 | 위의 책 206~207쪽.

61 | Smith 1981, 312쪽.

62 | Aries 1980, 647쪽.

63 | Stone 1979, 263쪽.

64 | Degler 1980, 201쪽에서 재인용.

65 | Key 1905, 62쪽.

66 | Castell 1981; Frevert 1985.

67 | Frevert 1985, 421쪽.

68 | 위의 책, 443쪽.

69 | Castell 1981, 394쪽.

5장 전통적인 이상과 변화의 징조: 1950년대와 1960년대

1 | Schmidt-Relenberg 1965.

2 | 위의 책, 145쪽과 150쪽.

3 | Pross 1969.

4 | Anger 1960.

5 | Picht 1964.

6 | Seidenspinner/Burger 1982, 9쪽.

7 | 이에 관한 좀더 정확한 내용은 Beck-Gernsheim 1983, 312쪽 이하 참조.

8 | Friedan 1963/1977.

9 | 위의 책, 16쪽, 23쪽, 27쪽.

10 | 위의 책, 332쪽.

11 | Myrdal/Klein 1956/1960.

12 | Willms 1983b, 111쪽.

13 | Becker-Schmidt/Knapp 1985, 118쪽.

14 | 예를 들면 Bowlby 1969; Spitz 1965.

15 | Sichrovsky 1984, 38~39쪽.

16 | De Mause 1980b, 85쪽.

17 | Papanek 1979.

18 | Steinbeck 1966.

19 | Von Hentig 1978, 34쪽.

20 | Balint, Frühmann 1983, 50쪽에서 재인용.

21 | Das Baby o.J., 26쪽.

22 | 위의 책(강조는 저자).

6장 제2차 출생률 감소의 시작

1 | Roos/Hassauer 1982, 283쪽.

2 | Ley 1984, 244쪽.

3 | 위의 책.

4 | 예를 들면 Bolte 1980, 76~77쪽.

5 | Urdze/Rerrich 1981, 83쪽.

6 | Häsing/Brandes 1983, 184쪽.

7 | Höpflinger 1984, 148쪽; Einstellungen zu Ehe und Familie 1985, 164쪽.

8 | Ayck/Stolten 1978, 39~40쪽.

9 | Urdze/Rerrich 1981, 85쪽.

10 | 위의 책, 90쪽.

11 | Diezinger u.a. 1982, 104쪽.

12 | Biermann u.a. 1985, 75~76쪽.

13 | 위의 책, 20쪽.

14 | Urdze/Rerrich 1981, 21쪽.

15 | 위의 책, 20쪽.

16 | Anderson 1972.

17 | Kerner 1984, 152쪽.

18 | Roos/Hassauer 1982, 23쪽.

19 | Sommerkorn 1982.

20 | Urdze/Rerrich 1981.

21 | Reim 1984, 102쪽.

22 | Stössinger 1980, 37쪽과 42쪽.

7장 출생률 감소가 계속된다: 1965년부터 현재까지

1 | Nina Taub 1982. Rothman 1985, 23쪽에서 재인용.

2 | Daele 1985.

3 | Ruth Hubbard 1982. Rothman 1985, 23쪽에서 재인용.

4 | Häussler.

5 | McRobbie 2005.

6 | Rerrich 1988.

7 | Rerrich 1988.

8 | Beck-Gernsheim 1991.

9 | Rothman 1985, 28쪽.

10 | 산모의 평균 연령이 높아지는 것을 보여주는 통계는 Statistisches Bundesamt 2006, 7~8쪽 참조.

11 | Beck-Gernsheim 1991.

12 | Baitsch/Sponholz 1993, 44쪽.

13 | Rothman 1988.

14 | Hochschild 1990.

15 | 위의 책, 32~33쪽.

16 | Gerhard u.a. 2003; Engelhardt/Prskawetz 2005 참조.

17 | Franks 1999, 91쪽 이하.

18 | 예를 들면 Beck 2007 참조.

19 | Blossfeld u.a. 2006.

20 | Bundesinstitut für Bevölkerungsforschung 2006, 30쪽 이하.

21 | Blossfeld u.a. 2006.

22 | Franks 1999, 89쪽.

23 | Melanie Mühl: Weiblich, jung, kinderlos, ⟨Frankfurter Allgemeine Zeitung⟩, 2005. 8. 9.

24 | Franks 1999, 75쪽.

25 | Kaufmann 1995, 169쪽 이하.

26 | Hochschild 1975, 49쪽.

27 | Martin Spiewak: Dr. habil. Kinderlos, ⟨Die Zeit⟩, 제15호, 2006, 43쪽 참조.

28 | Siebter Familienbericht, 186쪽.

29 | Monitor Familiendemographie 2005, 27쪽.

30 | Walter/Künzler 2002, 114쪽.

31 | Dressel/Cornelißen /Wolf 2005, 308쪽.

32 | 위의 책.

33 | Rerrich 1994; Hess 2004, 192쪽 이하.

34 | 이에 관해서는 예를 들어 Ehrenreich/English 2003; Hess 2004; Hondagneu-Sotelo 2001; Rerrich 2006 참조.

35 | Rerrich 1993, 100쪽.

36 | Hondagneu-Sotelo/Avila 1997.

37 | Hochschild 2000.

38 | Hochschild 1999, 34쪽 이하.

8장 미래 전망

1 | Onken/Onken 2006, 11~12쪽(강조는 원문).

2 | 위의 책, 12쪽.

3 | 위의 책, 30~31쪽.

4 | 예를 들면 Bobb/Clarke 2001.

5 | Onken/Onken, 115~116쪽.

6 | 위의 책, 32쪽.

7 | Siebter Familienbericht, 79쪽, 110쪽, 78쪽.

8 | 위의 책, 111쪽.

9 | Onken/Onken 2006, 105~106쪽.

10 | Dorbritz 2004, 10쪽 이하; Höhn u.a. 2006, 14쪽 이하.

11 | Höhn u.a. 2006, 16쪽.

12 | 예를 들면 Hradil 2001.

13 | Pifer/Bronte 1986, 1쪽.

14 | 개관을 하려면 예를 들어 Daedalus, Band 115/Heft 1, Winter 1986, Sonderheft 'The Aging Society' 참조.

15 | 위의 책, 제1장 참조.

16 | 예를 들면 Inga Griese: Der Sündenfall der Eva H., 〈Die Welt〉, 2006. 8. 20.; Auszeit für Eva Herman, FAZ.NET(검색일 2006. 8. 14).

17 | Susanne Gaschke: Wenn Männer dröhnen, 〈Die Zeit〉, 제13호, 2006.

18 | Beck 1986, 제IV장.

19 | Siebter Familienbericht, 70쪽.

20 | Höhn u.a. 2006, 6쪽과 75~76쪽.

21 | Kröhnert u.a. 2004, 3쪽.

22 | Siebter Familienbericht, 42쪽과 50쪽.

Affemann, Rudolf: Einleitung in den Gesprächskreis ≪Familie-Die Mutter ist unerset-
zlich≫. In: Die sanfte Macht der Familie, 19. Bundestagung, Sozialausschüsse der
Christlich-Demokratischen Arbeitnehmerschaft, Mannheim 1981, herausgegeben von
der CDA-Verlagsgesellschaft, S. 35~39

Allerbeck, Klaus/Hoag, Wendy: Jugend ohne Zukunft? Einstellungen, Umwelt, Leben-
sperspektiven. München 1985

Aly, Monika/Grüttner, Annegret: Unordnung und frühes Leid. Kindererziehen 1972 und
1982. In: Kursbuch Nr. 72, Juni 1983: Die neuen Kinder, S. 33~49

Anderson, Margaret (Hg.): Mother Was not a Person. Montreal 1972

Anger, H.: Probleme der deutschen Universität. Bericht über eine Erhebung unter Profes-
soren und Dozenten. Tübingen 1960

Aries, Philippe: Geschichte der Kindheit. München 1978

– ders.: Two Successive Motivations for the Declining Birth Rate in the West. In: Popula-
tion and Development Review, Dezember 1980, S. 645~650

Ayck, Thomas/Stolten, Inge: Kinderlos aus Verantwortung. Reinbek 1978

Badinter, Elisabeth: Die Mutterliebe. Geschichte eines Gefühls vom 17. Jahrhundert bis
heute. München 1981

Bäumer, Gertrud: Die Geschichte der Frauenbewegung in Deutschland. In: Helene Lange/

Gertrud Bäumer(Hg.):Handbuch der Frauenbewegung, Band I: Die Geschichte der Frauenbewegung in den Kulturländern. Berlin 1901, S. 1~166

- dies.: Geschichte und Stand der Frauenbildung in Deutschland. In: Helene Lange/Gertrud Bäumer (Hg.): Handbuch der Frauenbewegung, Band III: Der Stand der Frauenbildung in den Kulturländern. Berlin 1902, S. 1~128

Baitsch, Helmut/Sponholz, Gerlinde: Genetische Beratung. Pränatale Diagnostik und was dann? In: Früherkennung von Entwicklungsrisiken. Dokumentation des 7. Symposiums Frühförderung, Tübingen 1993, herausgegeben von der Vereinigung für Interdisziplinäre Frühförderung e.V., München/Basel 1993

Balzac, Honoré de: Zwei Frauen. Zürich 1981

Baruch, Grace/Barnett, Rosalind/Rivers, Carly: Lifeprints. New patterns of love and work for today's women. New York 1983

Beck, Ulrich: Jenseits von Klasse und Stand? Soziale Ungleichheit, gesellschaftliche Individualisierungsprozesse und die Entstehung neuer sozialer Formationen und Identitäten. In: Reinhard Kreckel (Hg.):, Soziale Ungleichheiten, Soziale Welt, Sonderband 2, Göttingen 1983, S. 35~74

- ders.: Risikogesellschaft. Auf dem Weg in eine andere Moderne. Frankfurt 1986

- ders.: Schöne neue Arbeitswelt. Frankfurt 2007 (im Druck)

Becker-Schmidt, Regina: Entfremdete Aneignung, gestörte Anerkennung, Lernprozesse: Über die Bedeutung von Erwerbsarbeit für Frauen. In: Sektion Frauenforschung in den Sozialwissenschaften (Hg.): Beiträge zur Frauenforschung am 21. Deutschen Soziologentag in Bamberg, München 1982, S. 11~30

- dies./Brandes-Erlhoff, Uta/Karrer, Marva/Knapp, Gudrun-Axeli/Schmidt, Beate: Nicht wir haben die Minuter, die Minuter haben uns. Zeitprobleme und Zeiterfahrungen von Arbeitermüttern in Fabrik und Familie. Bonn 1982

- dies./Knapp, Gudrun-Axeli/Rumpf, Mechtild: Frauenarbeit in der Fabrik – Betriebliche Sozialisation als Lernprozeß? Über die subjektive Bedeutung der Fabrikarbeit im Kontrast zur Hausarbeit. In: Gesellschaft, Beiträge zur Marxschen Theorie 14, Frankfurt 1981, S. 52~74

- dies./Knapp, Gudrun-Axeli: Arbeiterkinder gestern – Arbeiterkinder heute. Bonn 1985

Beck-Gernsheim, Elisabeth: Das halbierte Leben. Männerwelt Beruf, Frauenwelt Familie. Frankfurt 1980

- dies.: Vom ≪Dasein für andere≫ zum Anspruch auf ein Stück ≪eigenes Leben≫. Individualisierungsprozesse im weiblichen Lebenszusammenhang. In: Soziale Welt, Heft 3/1983, S. 307~340

- dies.: Vom Geburtenrückgang zur Neuen Mütterlichkeit? Über private und politische Interessen am Kind. Frankfurt 1984

- dies.: Technik, Markt und Moral. Über Reproduktionsmedizin und Gentechnologie. Frankfurt 1991

Behrens, Katja (Hg.): Das Insel-Buch vom Lob der Frau. Frankfurt 1982

Bellmann, Lutz: Einkommensungleichheit in den achtziger Jahren. In: Hans-Werner Franz/Wilfried Kruse/Hans-Günter Rolff (Hg.): Neue alte Ungleichheiten. Berichte zur sozialen Lage der Bundesrepublik. Opladen 1986, S. 23~35

Berger, Peter/Berger, Brigitte/Kellner, Hansfried: Das Unbehagen in der Modernität. Frankfurt 1975

Bernard, Jessie: The Mother Role. In: Jo Freeman (Hg.): Women: A Feminist Perspective. Palo Alto 1979, S. 122~133

Biermann, Ingrid/Schmerl, Christiane/Ziebell, Lindy: Leben mit kurzfristigem Denken. Eine Untersuchung zur Situation arbeitsloser Akademikerinnen. Weinheim/Basel 1985

Bilden, Helga/Diezinger, Angelika: Individualisierte Jugendbiographie? Zur Diskrepanz von Anforderungen, Ansprüchen und Möglichkeiten. In: Zeitschrift für Pädagogik, Heft 2/1984, S. 191~207

Blinn, Hansjürgen: Emanzipation und Literatur. Texte zur Diskussion. Frankfurt 1984

Blossfeld, Hans-Peter u.a. (Hg.): Globalization, Uncertainty and Youth in Society. London/ New York 2006

Bobb, Vilna F. Bashi/Clarke, Averil Y.: Experiencing Success: Structuring the Perception of Opportunities for West Indians. In: Nancy Foner (Hg.): Islands in the City. West Indian Migration to New York. Berkeley u.a. 2001, S. 216~236

Bolte, Karl Martin: Bestimmungsgründe der Geburtenentwicklung und Überlegungen zu einer möglichen Beeinflußbarkeit. In: Bevölkerungsentwicklung and nachwachsende Generation. Schriftenreihe des Bundesministers für Jugend, Familie und Gesundheit, Band 93, Stuttgart/Berlin/Köln/Mainz 1980, S. 64~91

- ders./Aschenbrenner, Katrin/Kreckel, Reinhard/Schultz-Wild, Rainer: Beruf und Gesellschaft in Deutschland. Berufsstruktur und Berufs-probleme. Opladen 1970

Bopp, Jörg: Die Mamis und die Mappis. Zur Abschaffung der Vaterrolle. In: Kursbuch Nr. 76, Juni 1984: Die Mütter, S. 53~74

Bowlby, John: Attachment and Loss. Band 1: Attachment. New York 1969

Braun, Daniela/Wohlfart, Claus: Ich und du und unser Kind. Tagebücher aus dem Leben zu dritt. Reinbek 1984

Braunmühl, Ekkehard von/Kupffer, Heinrich/Ostermeyer, Helmut: Die Gleichberechtigung des Kindes. Frankfurt 1976

Brinker–Gabler, Gisela (Hg.): Frauenarbeit und Beruf, Frankfurt 1979

Brinley, Maryann: Raising a Superkid. In: McCall's November 1983, S. 101ff.

Burkhardt, Wolfgang/Unterseher, Lutz: Der Elternführerschein. Bericht über die sozialwissenschaftliche Begleitung eines Medienverbund–Projektes. Schriftenreihe des Bundesministers für Jugend, Familie und Gesundheit, Band 59, Stuttgart/Berlin/Köln/Mainz 1979

Castell, Adelheid von: Unterschichten im «Demographischen Übergang». Historische Bedingungen des Wandels der ehelichen Fruchtbarkeit und der Säuglingssterblichkeit. In: Hans Mommsen/Winfride Schulze (Hg.): Vom Elend der Handarbeit. Probleme historischer Unterschichtenforschung. Stuttgart 1981, S. 373~394

Chesler, Phyllis: Mutter werden. Die Geschichte einer Verwandlung Reinbek 1980

Chopin, Kate: Das Erwachen. Reinbek 1980

Clauser, Günther: Die moderne Elternschule. Freiburg 1969

Daele, Wolfgang van den: Mensch nach Maß? Ethische Probleme der Genmanipulation und Gentherapie. München 1985

Däubler–Gmelin, Herta: Frauenarbeitslosigkeit oder: Reserve zurück an den Herd. Reinbek 1977

Daniels, Pamela/Weingarten, Kathy: Sooner or Later. The Timing of Parenthood in Adult Lives, New York/London 1982

Das Baby. Ein Leitfaden für junge Eltern. Herausgegeben von der Bundeszentrale für gesundheitliche Aufklärung. Köln o. J. (circa 1980)

Deglelr, Carl N.: At Odds. Women and the Family in America from the Revolution to the Present. New York 1980

Demos, John: Images of the American Family, Then and Now. In: Virginia Tufte/Barbara Myerhoff (Hg.): Changing Images of the Family, New Haven/London 1979, S. 43~60

Diezinger, Angelika/Marquardt, Regine/Bilden, Helga/Dahlke, Kerstin: Zukunft mit beschränkten Möglichkeiten. Entwicklungsprozesse arbeitsloser Mädchen. Schlußbericht an die Deutsche Forschungsgemeinschaft, hektographiertes Manuskript. München 1982

Dische, Irene: Das schönste Erlebnis. In: Kursbuch Nr. 72/Juni 1983: Die neuen Kinder, S. 28~32

Donzelot, Jacques: Die Ordnung der Familie. Frankfurt 1980

Dorbritz, Jürgen: Keine Kinder mehr gewünscht? In: BiB-Mitteilungen 2004/Heft 3, S. 10~17

Dowrick, Stefanie/Grundberg, Sibyl (Hg.): Will ich wirklich ein Kind? Frauen erzählen. Reinbek 1982

Dressel, Christian/Cornelißen, Waltraud/Wolf, Karin: Vereinbarkeit von Familie und Beruf. In: Waltraud Cornelißen (Hg.): Gender-Datenreport, im Auftrag des Bundesministeriums für Familie, Senioren, Frauen und Jugend erstellt durch das Deutsche Jugendinstitut in Zusammenarbeit mit dem Statistischen Bundesamt, 2005, S. 266~341

Dritter Familienbericht, Bundestagsdrucksache 8/3121, 20. 8. 1979

Dunde, Rudolf (Hg.): Neue Väterlichkeit. Von Möglichkeiten und Unmöglichkeiten des Mannes. Gütersloh 1986

Eckart, Christel/Jaerisch, Ursula G./Kramer, Helgard: Frauenarbeit in Familie und Beruf. Eine Untersuchung von Bedingungen und Barrieren der Interessenwahrnehmung von Industriearbeiterinnen. Frankfurt 1979

Ehrenreich, Barbara/English, Deidre: For Her Own Good. 150 Years of the Experts' Advice for Women. London 1979

Ehrenreich, Babara/Hochschild, Arlie Russell (Hg.): Global Woman. Nannies, Maids and Sex Workers in the New Economy. London 2003

Einstellungen zu Ehe und Familie im Wandel der Zeit. Eine Repräsentativuntersuchung. Herausgegeben vom Ministerium für Arbeit, Gesundheit, Familie und Sozialordnung Baden-Württemberg, Stuttgart 1985

Elias, Norbert: Vorwort. In: Michael Schröter: «Wo zwei zusammenkommen in rechter Ehe ...» Sozio- und psychogenetische Studien über Eheschließungsvorgänge vom 12. bis 15. Jahrhundert. Frankfurt 1985, S. VII-XI

Engelhardt, Henriette/Prskawetz, Alexia: Beruf und Familie immer noch schwer zu vereinbaren. Europäische Länder unterstützen Frauen unterschiedlich. In: Demographische Forschung aus erster Hand, herausgegeben vom Max-Planck-Institut für demografische Forschung, Jahrgang 2/Nr.3, 2005, S. 1f.

Findl, Inga/Laburda, Angelika: Familiäre Beziehungsmuster. In: Münz 1985, S. 159~182

Findl, Inga/Laburda, Angelika/Münz, Rainer: Frauenalltag und familiäre Arbeitsteilung. In: Münz 1985, S. 129~158

Findl, Peter: Erwerbsarbeit. In: Münz 1985, S. 95~128

Flitner, Andreas: Konrad, sprach die Frau Mama ... Über Erziehung und Nicht-Erziehung. Berlin 1982

Franks, Suzanne: Having None of It. Women, Men and the Future of Work. London 1999

Frauen in der Bundesrepublik Deustschland. Herausgegeben vom Bundesministerium für Jugend, Familie und Gesundheit. Bonn 1984

Frevert, Ute: ≪Fürsorgliche Belagerung≫: Hygienebewegung und Arbeiterfrauen im 19. und frühen 20. Jahrhundert. In: Geschichte und Gesellschaft, 11. Jahrgang 1985/Heft 4, S. 420~446

Friedan, Betty: The Feminine Mystique. New York 1977 (EA 1963)

- dies.: Der zweite Schritt. Reinbek 1982

Frühmann, Renate: Subtile Gewalt in der Kindererziehung. In: Günter Pernhaupt (Hg.): Gewalt am Kind. Wien 1983, S. 50~57

Fthenakis, Wassilos E.: Väter. Zur Psychologie der Vater-Kind-Beziehung. Band 1 und 2. München 1985

Fuchs, Werner: Jugendbiographie. In: Jugendwerk der Deutschen Shell (Hg.): Jugend '81. Lebensentwürfe, Alltagskulturen, Zukunftsbilder. Hamburg 1981. Band 1, S. 124~344

- ders.: Jugendliche Statuspassage oder individualisierte Jugendbiographie? In: Soziale Welt, Heft 3/1983, S. 341~371

Funk, Heidi: Mädchenalltag - Freiraum nach geleisteter Pflicht. In: Deutsches Jugendinstitut (Hg.): Immer diese Jugend! Ein zeitgeschichtliches Mosaik. 1945 bis heute. München 1985, S. 37~46

Gerhard-Teuscher, Ute: Artikel ≪Recht≫. In: Johanna Beyer/Franziska Lamott/Birgit Meyer (Hg.): Frauenhandlexikon. Stichworte zur Selbstbestimmung. München 1983, S. 242~248

- dies./Knijin, Trudie/Weckwert, Anja (Hg.): Erwerbstätige Mütter. Ein europäischer Vergleich. München 2003

Gisser, Richard/Lutz, Wolfgang/Münz, Rainer: Kinderwunsch und Kinderzahl. In: Münz 1985, S. 33~94

Gordon, Linda: Woman's Body, Woman's Right. A Social History of Birth Control in America, 1977

Gronau, Franziska: Kinderwunsch im sauren Regen. Erfahrungen einer Therapeutin. In: Kursbuch Nr. 72, Juni 1983: Die neuen Kinder, S. 7~13

Grund-und Strukturdaten 1982/1983, herausgegeben vom Bundesminister für Bildung und Wissenschaften, Bonn 1982

Gstettner, P.: Die Eroberung des Kindes durch die Wissenschaft. Aus der Geschichte der Disziplinierung. Reinbek 1981

Häsing, Helga/Brandes, Volkhard (Hg.): Kinder, Kinder! Lust and Last der linken Eltern. Frankfurt 1983

Häusser, Monika: Von der Enthaltsamkeit zur verantwortungsbewußten Fortpflanzung. Über den unaufhaltsamen Aufstieg der Empfängnisverhütung und seine Folgen. In: Häussler u.a. 1983, S. 58~73 (1983a)

- dies.: Die Begrenztheit der Wünsche oder: Im Palast des Minotaurus: In: Häussler u.a. 1983, S. 135~140 (1983 b)

- dies./Helfferich, Cornelia/Walterspiel, Gabriela/Wetterer, Angelika: Bauchlandungen. Abtreibung – Sexualität – Kinderwunsch. München 1983

Häussler, S.: Ärztlicher Ratgeber für werdende junge Mütter. München 1976

Harman, David/Brim, Orville G.: Learning to be Parents. Principles, Programs, and Methods. Beverly Hills 1980

Hatzold, Otfried: Deutsches Familienforum. Die Partei der Faamilien. Entwurf eines Parteiprogramms. Hektographiertes Manuskript, München Dezember 1981

Hausen, Karin: Die Polarisierung der «Geschlechtscharaktere» – Eine Spiegelung der Dissoziation von Erwerbs- und Familienleben. In: Werner Conze (Hg.): Sozialgeschichte der Familie in der Neuzeit Europas. Stuttgart 1976, S. 363~401

- dies. (Hg.): Frauen suchen ihre Geschichte. Historische Studien zum 19. und 20. Jahrhundert. München 1983

Heintz, Bettina/Honegger, Claudia: Zum Strukturwandel weiblicher Widerstandsformen im 19. Jahrhundert. In: Honegger/Heintz 1981, S. 7~68

Helle, Horst J.: Soziokulturelle Bedingtheit der Eheformen – ihre Bedeutung für die Familientypen. In: Volker Eid/Laszol Vaskovics (Hg.): Wandel der Familie–Zukunft der Familie. Mainz 1982, S. 75~93

- ders.: Verlust des Wertkonsenses: Vielfalt der Familienformen. In: Deutsche Ligafür das Kindin Familie und Gesellschaft (Hg.): Familienpolitische Defizite unseres sozialen Systems. Weißenthurm 1984, S. 46~57

Hess, Sabine: Globalisierte Hausarbeit. Au-pair als Migrationsstrategie von Frauen aus Osteuropa. Wiesbaden 2004

Hochschild, Arlie Russell: Inside the Clockwork of Male Careers. In: Florence Howe (Hg.): Women and the Power to Change. New York 1975, S. 47~80

- dies.: Der 48-Stunden-Tag. Wege aus dem Dilemma berufstätiger Eltern. Wien 1990

- dies.: Global Care Chains and Emotional Surplus Value. In: Will Hutton/Anthony Giddens (Hg.): On the Edge. Living with Global Capitalism. London 2000, S. 130~146

Höhn, Charlotte u.a.: Kinderwünsche in Deutschland. Konsequenzen für eine nachhaltige Familienpolitik. Herausgegeben von der Robert-Bosch-Stiftung. Stuttgart 2006

Höpflinger, François: Kinderwunsch und Einstellung zu Kindern; Ehe, Kinder und Beruf. In: Hoffmann-Nowotny u.a. 1983, S. 77~181 und S. 185~201

Hoffmann-Nowotny, Hans-Joachim/Höpflinger, François/Kühne, Franz/Ryffel-Gericke, Christiane/Erni-Schneuwly, Denise: Planspiel Familie. Familie, Kinderwunsch und Familienplanung in der Schweiz. Diessenhofen 1984

Hondagneu-Sotelo, Pierrette: Doméstica. Immigrant Workers Cleaning and Caring in the Shadows of Affluence. Berkeley 2001

- dies./Avila, Ernestine: ≪I'm Here, But I'm There≫: The Meanings of Latina Transnational Motherhood. In: Gender and Society, 11/1997, S. 548~571

Honegger, Claudia/Heintz, Bettina (Hg.): Listen der Ohnmacht. Zur Sozialgeschichte weiblicher Widerstandsformen. Frankfurt 1981

Hradil, Stefan: Bevölkerungsentwicklung und Gesellschaftsveränderung in den kommenden Jahrzehnten. In: Gegenwartskunde, 2001/Heft 3, S. 377~403

- ders.: Die Sozialstruktur Deutschlands im internationalen Vergleich. Wiesbaden 2004

Ibsen, Henrik: Nora oder ein Puppenheim. In: Dramen, Erster Band. München 1973, S. 757~830

Imhof, Arthur E.: Die gewonnenen Jahre. München 1981

- ders.: Die verlorenen Welten. München 1984

Immer diese Jugend! Ein zeitgeschichtliches Mosaik. 1945 bis heute. Herausgegeben vom Deutschen Jugendinstitut. München 1985

Janssen-Jurreit, Marielouise: Sexualreform und Geburtenrückgang-Über die Zusammenhänge von Bevölkerungspolitik und Frauenbewegung um die Jahrhundertwende. In: Annette Kuhn/Gerhard Schneider (Hg.): Frauen in der Geschichte. Düsseldorf 1979, S. 56~81

Jonas, Hans: Technik, Medizin und Ethik. Zur Praxis des Prinzips Verantwortung. Frankfurt 1985

Kaufmann, Franz-Xaver: Zuhunft der Familie im vereinten Deutschland. Gesellschaftliche und politische Bedingungen. München 1995

- ders.: Schrumpfende Gesellschaft. Vom Bevölkerungsrückgang und seinen Folgen. Frankfurt 2005

- ders./Herlth, Alois/Quitmann, Joachim/Simm, Regina/Strohmeier, Peter: Familienentwicklung - generatives Verhalten im familialen Kontext. In: Zeitschrift für Bevölkerungswissenschaft, Heft 4/1982, S. 523~545

Kerner, Charlotte: Kinderkriegen. Ein Nachdenkbuch. Weinheim und Basel 1984

Key, Ellen: Missbrauchte Frauenkraft. Berlin 1905

Kiernan, Kathleen: Changing European Families: Trends and Issues. In: Jacqueline Scott/ Judith Treas/Martin Richards (Hg.): The Blackwell Companion to the Sociology of Families. Blackwell 2004, S. 17~33

Kitzinger, Sheila: Mutterwerden über 30. München 1984

Kössler, Gottfried: Mädchenkindheiten im 19. Jahrhundert. Gießen 1979

Kohli, Martin: Gesellschaftszeit und Lebenszeit. Der Lebenslauf im Strukturwandel der Moderne. In: Johannes Berger (Hg.): Die Moderne. Kontinuitäten und Zäsuren. Soziale Welt, Sonderband 4, Göttingen 1986, S. 183~208

Korczak, Janusz: Das Recht des Kindes auf Achtung. Göttingen 1970

Kröhnert, Steffen/Medicus, Franziska/Klingholz, Reiner: Die demographissche Lage der Nation. Internet-Kurzversion 2006 (das gleichnamige Buch ist 2006 bei dtv, München, erschienen)

Kröhnert, Steffen/Olst, Nienke van/Klingholz, Reiner: Emanzipation oder Kindergeld? Wie sich die unterschiedlichen Kinderzahlen in den Ländern Europas erklären. Berlin-Institut für Bevölkerung und Entwicklung 2004

Kühne, Franz: Familienplanung. In: Hoffmann-Nowotny u.a. 1984, S. 269~337

Langer-El Sayed, Ingrid: Familienpolitik. Tendenzen, Chancen, Notwendigkeiten. Frankfurt 1980

Lasch, Christopher: Haven in a Heartless World: The Family Besieged. New York 1977

Lempp, Reinhart: Familie im Umbruch. München 1986

Ley, Katharina: Von der Normal- zur Wahlbiographie? In: Martin Kohli/Günther Robert (Hg.): Biographie und soziale Wirklichkeit. Neue Beiträge und Forschungsperspektiven. Stuttgart 1984, S. 239~260

Luker, Kristin: Abortion and the politics of motherhood. Berkeley 1984

Margolis, Maxine L.: Mothers and Such. Views of American Women And Why They
Changed. Berkeley 1984

Marschalck, Peter: Bevölkerungsgeschichte Deutschlands im 19. und 20. Jahrhundert.
Frankfurt 1984

Mause, Lloyd de (Hg.): Hört ihr die Kinder weinen. Eine psychogenetische Geschichte der
Kindheit. Frankfurt 1980 (1980a)

- ders.: Evolution der Kindheit. In: Mause 1980a, S. 12~111 (1980b)

McKenry, P./Walters, L./Johnson, C.: Adolescence Pregnancy: A Review of the Literature.
In: The Family Coordinator, vol. 28, no. 1, Januar 1979, S. 17~28

McRobbie, Angela: Top Girls? Young Women and the Post-feminist Sexual Contract. Hek-
tographiertes Manuskript. London 2005

Metz-Göckel, Sigrid/Müller, Ursula: Der Mann. Eine repräsentative Untersuchung über
die Lebenssituation und das Frauenbild 20- bis 50jähriger Männer im Auftrag der
Zeitschrift «Brigitte». Hamburg 1985

Mitscherlich, Alexander: Auf dem Weg zur vaterlosen Gesellschaft. München 1963

Mitterauer, Michael: Sozialgeschichte der Jugend. Frankfurt 1986

Monitor Familiendemographie: Familie ja, Kinder nein. Was ist los in Deutschland? Aus-
gabe 1-3, Jahrgang 2005

Movius, margaret: Voluntary childlessness - The Ultimate Liberation. In: The Family Coor-
dinator, vol. 25, no. 1, Januar 1976, S. 57~64

Müller, Heidi: Dienstbare Geister. Leben und Arbeitswelt städtischer Dienstboten. Schrif-
ten des Museums für Deutsche Volkskunde Berlin. Berlin 1981

Münz, Rainer (Hg.): Leben mit Kindern. Wunsch und Wirklichkeit. Wien 1985

Myrdal, Alva/Klein, Viola: Women's two roles, home and work. London 1956

Newston, R. Heber: Womanhood, 1881

Nichteheliche Lebensgemeinschaften in der Bundesrepublik Deutschland. Schriftenreihe
des Bundesminister für Jugend, Familie und Gesundheit, Band 170. Stuttgart/Berlin/
Köln/Mainz 1985

Oeter, Karl/Nohke, Anke: Der Schwangerschaftsabbruch. Gründe, Legitimationen, Alter-
nativen. Schriftenreihe des Bundesministers für Jugend, Familie und Gesundheit, Band
123. Stuttgart u.a. 1982

Onken, Julia/Onken, Maya: Hilfe, ich bin eine emanzipierte Mutter. Ein Streitgespräch
zwischen Mutter und Tochter. München 2006

Ostner, Ilona/Krutwa-Schott, Almut: Krankenpflege - ein Frauenberuf? Frankfurt 1981

Packard, Vance: Our Endangered Children. Growing Up in a Changing World. Boston/ Toronto 1983

Papanek, Hanna: Family Status Production: The ≪Work≫ and ≪Non Work≫ of Women. In: Signs, vol. 4/no. 4, Sommer 1979, S. 775~781

Pelz, Monika: Die Sicht der Betroffenen. In: Rainer Münz/Gerda Neyer/Monika Pelz: Frauenarbeit, Karenzurlaub und berufliche Wiedereingliederung. Veröffentlichung des Österreichischen Instituts für Arbeitsmarktpolitik, Heft XXX, Linz 1986, S. 299~344

Picht, Georg: Die deutsche Bildungskatastrophe. Freiburg 1964

Pifer, Alan/Bronte, Lydia: Introduction: Squaring the Pyramid. In: Daedalus, Band 115/ Heft 1, Winter 1986, Sonderheft ≪The Aging Society≫, S. 1~11

Postmann, Neil: Das Verschwinden der Kindheit. Frankfurt 1983

Praesent, Angelika: Vorwork. In: Das Rowohlt Lesebuch der neuen Frau. Reinbek 1983, S. 9~14

Pross, Helge: Über die Bildungschancen von Mädchen in der Bundesrepublik. Frankfurt 1969

- ders.: Die Männer. Reinbek 1978

Rayera, Lidia: Mein liebes Kind. München 1986

Reichert, Petra/Wenzel, Anne: Alternativrolle Hausfrau? In: WSI-Mit-teilungen, Heft 1/1984, S. 6~14

Reim, Doris (Hg.): Frauen berichten vom Kinderkriegen. München 1984

Rerrich, Maria S.: Veränderte Elternschaft. Entwicklungen in der familialen Arbeit mit Kin- dern. In: Soziale Welt, Heft 4/1983, S. 420~449

- dies.: Familienbild und Familienalltag. Über aktuelle Folgen struktureller Widersprüche der traditionellen Familie. Dissertation, Bamberg 1987 (1987a)

- dies.: Dasselbe ist anders. Vom Wandel der familialen Alltagsarbeit. In: Gewerkschaftli- che Monatshefte, Heft 4/1987, S. 230~239 (1987b)

- dies.: Kinder ja, aber ... Was es Frauen schwer macht, sich über ihre Kinderwünsche klar zu werden. In: Deutsches Jugendinstitut (Hg.): Wie geht's der Familie? Ein handbuch zur Situation der Familien heute. München 1988, S. 59~66

- dies.: Auf dem Weg zu einer neuen internationalen Arbeitsteilung der Frauen in Eu- ropa? Beharrungs- und Veränderungstendenzen in der Verteilung von Reproduktion- sarbeit. In: Lebensverhältnisse und soziale Konflikte im neuen Europa. Verhandlungen des 26. Deutschen Soziologentages in Düsseldorf 1992. Frankfurt: Campus 1993, S. 93~102

- dies.: Zusammenfügen, was auseinanderstrebt: Zur familialen Lebensführung von Berufstätigen. In: Ulrich Beck/Elisabeth Beck-Gernsheim (Hg.): Riskante Freiheiten. Individualisierung in modernen Gesellschaften. Frankfurt 1994, S. 201~218

- dies.: Die ganze Welt zuhause. Cosmobile Putzfrauen in privaten Haushalten. Hamburg 2006

Richmond-Abbott, Marie: Masculine and Feminine. Sex Roles over the Life Cycle. Reading 1983

Riesman, David: Die einsame Masse. Neuwied 1956

Roos, Peter/Hassauer, Friederike (Hg.): Kinderwunsch. Reden und Gegenreden. Weinheim/Basel 1982

Rosenbaum, Heidi: Formen der Familie. Untersuchungen zum Zusammenhang von Familienverhältnissen, Sozialstruktur und sozialem Wandel in der deutschen Gesellschaft des 19. Jahrhunderts. Frankfurt 1982

Rosenmayr, Leopold: Wege zum Ich vor bedrohter Zukunft. Jugend im Spiegel multidisziplinärer Forschung und Theorie. In: Soziale Welt, Heft 3/1985, S. 274~298

Rosenstiel, Lutz von/Spiess, Erika/Stengel, Martin/Nerding, Friedemann W.: Lust auf Kinder? Höchstens Eins. In: Psychologie heute, Mai 1984, S. 20~31

Rothman, Barbara Katz: Die freie Entscheidung und ihre engen Grenzen. In: Rita Arditti u.a. (Hg.): Retortenmütter. Frauen in den Labors der Menschenzüchter. Reinbek 1985, S. 19~30

- dies.: The Tentative Pregnancy. Prenatal Diagnosis and the Future of Motherhood. London 1988

Rutschky, Katharina (Hg.): Schwarze Pädagogik. Quellen zur Naturgeschichte der bürgerlichen Erziehung. Frankfurt 1977

Ryan, Mary P.: The Empire of the Mother. American Writing about Domesticity 1830-1860. Women & History, Numbers 2/3, New York 1982

Schäfer, Hans: Familienpolitische Defizite unseres sozialen Systems. In: Deutsche Liga für das Kind in Familie und Gesellschaft (Hg.): Familienpolitische Defizite unseres sozialen Systems. Weißenthurm 1984, S. 17~28

Schenk, Herrad: Die feministische Herausforderung. 150 Jahre Frauenbewegung in Deutschland. München 1980

Schirrmacher, Frank: Minimum. Vom Vergehen und Neuentstehen unserer Gemeinschaft. München 2006

Schlumbohm, Jürgen (Hg.): Kinderstuben. Wie Kinder zu Bauern, Bürgern, Aristokraten wurden, 1700-1850. München 1983

Schmidt-Relenberg, Norbert: Die Berufstätigkeit der Frau und die Familie in den Leitbildern von Abiturientinnen. In: Soziale Welt, Heft 2/1965, S. 133~150

Schütze, Yvonne: Die Geschwisterbeziehung im Sozialisationsprozeß, Ein historischer Überblick. In: Martin Baethge/Wolfgang Eßbach (Hg.): Soziologie. Entdeckungen im Alltäglichen. Festschrift zum 65. Geburtstag von Hans Paul Bahrdt. Frankfurt 1983, S. 44~64

– dies.: Die gute Mutter. Zur Geschichte des normativen Musters ≪Mutterliebe≫. Bielefeld 1986

Schulte, Regina: Bauernmägde in Bayern am Ende des 19. Jahrhunderts. In: Hausen 1983, S. 110~127

Schumacher, Jürgen: Partnerwahl und Partnerbeziehung. In: Zeitschrift für Bevölkerungswissenschaft, Nr. 4/1981, S. 499~518

Schwarz, Karl: Zur Problematik der unerfüllten Kinderwünsche. In: Zeitschrift für Bevölkerungswissenschaft, Heft 3/ 1983, S. 401~411

Sechster Jugendbericht: Verbesserung der Chancengleichheit von Mädchen in der Bundesrepublik Deutschland. Dazu Stellungnahme der Bundesregierung zum Sechsten Jugendbericht. Bundestagsdrucksache 10/1007, 15. 02. 84.

Seidenspinner, Gerlinde/Burger, Angelika: Mädchen '82. Eine Untersuchung im Auftrag der Zeitschrift ≪Brigitte≫, Bericht und Tabellen. Hamburg 1982

Shorter, Edward: Female Emancipation, Birth Control and Fertility in European History. In: American Historical Review, vol. 78/1973, S. 605~640

– ders.: Die Geburt der modernen Familie. Reinbek 1977

Sichrovky, Peter: Mutterglückspillen. In: Kursbuch Nr. 76, Juni 1984: Die Mütter, S. 34~42

Sichtermann, Barbara: Ein Stück neuer Weltlichkeit: der Kinderwunsch. In: Freibeuter Nr. 5, Oktober 1980, S. 37~46

– dies.: Leben mit einem Neugeborenen. Ein Buch über das erste halbe Jahr. Frankfurt 1981

– dies.: Vorsicht, Kind. Eine Arbeitsplatzbeschreibung für Müutter, Väter und andere. Berlin 1982

– dies.: Zum neuen deutschen Mütter-Ekel. In: Freibeuter, Heft 21, 1984, S. 137~139

- dies.: Der Feminismus der CDU. In: Helmut Dubiel (Hg.): Populismus und Aufklärung. Frankfurt 1986, S. 133~139

Siebter Familienbericht: Familie zwischen Flexibilität und Verläßlichkeit. Perspektiven für eine lebenslaufbezogene Familienpolitik. Bundes tagsdrucksache 16/1360, 26. 4. 2006

Simmel, Monika: Erziehung zum Weibe. Mädchenbildung im 19. Jahrhundert. Frankfurt 1980

Skolnick, Arlene: Public Images, Private Realities: The American Family in Popular Culture and Social Science. In: Virginia Tufte/Barbara Myerhoff (Hg.): Changing Images of the Family. New Haven/London 1979, S. 297~315

Smith, Daniel Scott: Geburtenbeschränkung, Sexualkontrolle und häuslicher Feminismus im viktorianischen Amerika. In: Honegger/Heintz 1981, S. 301~325

Sommerkorn, Ingrid: Biographische Notizen einer späten Karrieremutter. In: Alma Mater. Mütter in wissenschaftl. Institutionen. München 1982

Spitz, Rene A.: The First Year of Life. New York 1965

Statistisches Bundesamt: Im Blickpunkt. Frauen in Deutschland 2006. Wiesbaden 2006

Steinbeck, John: Amerika und die Amerikaner. Luzern 1966

Stoehr, Irene: «Organisierte Mütterlichkeit». Zur Politik der deutschen Frauenbewegung um 1900. In: Hausen 1983, S. 221~249

Stössinger, Verena: Nina. Bilder einer Veränderung. In: Dies./Beatrice Leuthold/Franziska Mattmann: Muttertage. Leben mit Mann, Kindern und Beruf. Bern 1980, S. 9~70

Stone, Lawrence: The Family, Sex and Marriage in England, 1500–1800. Abridged Edition. New York 1979

Süssmuth, Rita: Der Vater als Bezugsperson des Kindes. In: Heiner Geißler (Hg.): Abschied von der Männergesellschaft. Frankfurt/Berlin 1986, S. 33~46

The Boston Women's Health Book Collective: Unser Körper, unser Leben. Band 1 und 2. Reinbek 1980

Tilly, Charles (Hg.): Historical Studies of Changing Fertility. Princeton 1978 (1978a)

- ders.: the Historical Study of Vital Processes. In: Ders. (Hg.): Historical Studies of Changing Fertility. Princeton 1978, S. 3~55 (1978b)

Tilly, Louise A./Scott, Joan W.: Women, Work, and Family. New York 1978

Tolstoja, Sofia Andrejewna: Tahebücher 1862–1897. Königstein 1982

Tornieporth, Gerda: Studien zur Frauenbildung. Ein Beitrag zur historisschen Analyse lebensweltorientierter Bildungskonzeptionen. Weinheim/Basel 1979

Urdze, Andrejs/Rerrich, Maria S.: Frauenalltag und Kinderwunsch. Entscheidungsgründe für oder gegen weitere Kinder bei Müttern mit einem Kind. Frankfurt 1981

Vogt-Hagebäumer, Barbara: Schwangerschaft ist eine Erfahrung, die die Frau, den Mann und die Gesellschaft angeht. Reinbek 1977

Wagnerova, Alena: Scheiden aus der Ehe. Anspruch und Scheitern einer Lebensform. Reinbek 1982

Wahl, Klaus/Tüllmann, Greta/Honig, Michael-Sebastian/Gravenhorst, Lerke: Familien sind anders! Reinbek 1980

Walter, Wolfgang/Künzler, Jan: Parentales Engagement. Mütter und Väter im Vergleich. In: Norbert F. Schneider/Heike Mathias-Bleck (Hg.): Elternschaft heute. Gesellschaftliche Rahmenbedingungen und individuelle Gestaltungsaufgaben. Zeitschrift für Familienforschung, Sonderheft 2. Opladen 2002, S. 95~119

Weltz, Friedrich/Diezinger, Angelika/Lullies, Veronika/Marquardt, Regine: Aufbruch und Desillusionierung. Junge Fraune zwischen Beruf und Familie. Forschungsberichte des Soziologischen Forschungsinstituts Göttingen. Göttingen 1978

Wetterer, Angelika/Walterspiel, Gabriela: Der weite Weg von den Rabenmütternzu den Wunschkindern. Zur Logik der Bevölkerungsentwicklung seit dem Mittelalter. In: Häussler u.a. 1983, S. 15~57

Wilberg, G.: Zeit für uns. Ein Buch über Schwangerschaft, Geburt und Kind. Frankfurt 1981

Wilbrandt, Robert: Die deutsche Frau im Beruf. Handbuch der Frauenbewegung, Band IV, herausgegeben von Helene Lange/Gertrud Bäumer. Berlin 1902

Willms, Angelika: Grundzüge der Entwicklung der Frauenarbeit von 1880 bis 1980. In: Walter Müller/Angelika Willms/Johann Handl: Strukturwandel der Frauenarbeit 1880-1980. Frankfurt 1983, S. 25~54 (1983a)

– dies.: Segregation auf Dauer? Zur Entwicklung des Verhältnisses von Frauenarbeit und Männerarbeit in Deutschland 1882-1980. In: Walter Müller/Angelika Willms/Johann Handl: Strukturwandel der Frauenarbeit 1880-1980. Frankfurt 1983, S. 107~182 (1983b)

Wingen, Max: Kinder in der Industriegesellschaft – wozu? Analysen, Perspektiven-Kurskorrekturen. Zürich 1982

Woolf, Virginia: Three Guineas. London 1977

Wysocki, Gisela von: Die Fröste der Freiheit. Aufbruchsphantasien. Frankfurt 1980

모성애의 발명

1판 1쇄 펴냄 2014년 1월 14일
1판 5쇄 펴냄 2022년 1월 20일

지은이 엘리자베트 벡 게른스하임
옮긴이 이재원
펴낸이 안지미

펴낸곳 (주)알마
출판등록 2006년 6월 22일 제2013-000266호
주소 04056 서울시 마포구 신촌로4길 5-13, 3층
전화 02.324.3800 판매 02.324.7863 편집
전송 02.324.1144

전자우편 alma@almabook.com
페이스북 /almabooks
트위터 @alma_books
인스타그램 @alma_books

ISBN 979-11-85430-06-5 03330

이 책의 내용을 이용하려면 반드시 저작권자와 알마 출판사의 동의를 받아야 합니다.

알마는 아이쿱생협과 더불어 협동조합의 가치를 실천하는 출판사입니다.

종이 표지_매직 패브릭 아이보리 220g/㎡ 본문_클라우드 800g/㎡